我的青春我的梦
全国中学生校园美文精品集萃丛书

光影斑驳，都照见、午阴嘉树清圆

摇晃在
那年夏天的阳光

《中学生博览》杂志社 选编

时代文艺出版社

图书在版编目（CIP）数据

摇晃在那年夏天的阳光/《中学生博览》杂志社选编. —长春：时代文艺出版社，
2018.8（2023.6重印）

（"我的青春我的梦"全国中学生校园美文精品集萃丛书）

ISBN 978-7-5387-5712-5

Ⅰ.①摇… Ⅱ.①中… Ⅲ.①作文－中学－选集 Ⅳ.①H194.5

中国版本图书馆CIP数据核字（2018）第004356号

出 品 人　陈　琛

产品总监　郭力家

责任编辑　王　峰

助理编辑　史　航

装帧设计　李　斌

排版制作　隋淑凤

摇晃在那年夏天的阳光

《中学生博览》杂志社　选编

出版发行/时代文艺出版社

地址/长春市福祉大路5788号　龙腾国际大厦A座15层　邮编/130118

总编办/0431-81629751　发行部/0431-81629758

官方微博/weibo.com/tlapress

印刷/北京一鑫印务有限责任公司

开本/700mm×980mm　1/16　字数/153千字　印张/11

版次/2018年8月第1版　印次/2023年6月第5次印刷　定价/34.80元

图书如有印装错误　请寄回印厂调换

编　委　会

目　录

十七岁的笔记本

含羞草会开花吗

茶底人生

我也抱歉没能成为你骄傲

摇晃在那年夏天的阳光

高考如期而至，走出考场的那一刻我如释重负。十二年的寒窗苦读终于结束了，再也不会有人强迫我们学习，再也没机会上课传纸条，那些承载着满满青春气息的校园时光，日后只能在回忆里鲜活了。

时光总是不断地向前，因为陈安，我不再是过去的怯懦少女，如今我也有了主动的勇气。

摇晃在那年夏天的阳光

小 小

我是林小小。第一次见到陈安是在学校外的马路上，他在扶老奶奶过马路。是的，你没有看错，他真的在扶老奶奶过马路，老奶奶年纪很大，每一步都走得很慢，他却没有丝毫不耐烦。当时我就想这同学真有爱心，除此之外再无其他了。这倒不是说他不够出色，相反，他就像是自带光芒的小太阳。

至于为什么第一次见到陈安的时候不动心，这个问题已经被我记入《林小小未解录》了。

高一第二学期文理分科，我和陈安被分到同一个理科班。刚到新班级的时候，我和同学全然不熟，常常独自站在走廊的尽头。有一回，陈安逆着阳光一步步朝我走来，面容俊秀却敛去惯常的笑容。直到他停在我的身旁，我也没弄懂他的意图。更让我意想不到的是，他竟然俯身侧向我的耳朵，我顿时心跳加速。

"你的裤子蹭了脏东西。"他小声地说。

不是小说里的浪漫开头，陈安的神色极其不自然，作为女生我一下子就明白他的意思，脸色煞白。我立刻拉长T恤小心翼翼地挪进厕所，果不其然，粉色的裤子上一片通红。我心里拨凉拨凉的，真是太丢人了！

我和陈安首次交流是以我的不明所以开始，以我们的尴尬窘迫结束，实在不算愉快。幸而，再次见面时我们都默契地忽略了这件事，我感觉保住了些许脸面，却在往后的一段时间内都没敢直视他。

开学不久就有场班际篮球赛，我对这些向来不感兴趣，比赛进行了两周我也没看过一场，只知道我们班进了四强，主力陈安却在八进四时受伤了。半决赛时我们班的大多数同学都到了球场为运动员加油打气，平日里热闹的教室只剩下我一个人。

四周很是安静，外面的阳光偷偷地跃过窗帘斜映在课桌上，微尘在光路里肆意飞扬，少去人声的喧杂它似乎就是主角。我的喉咙痒痒的，脑海中的旋律已然奏起，肺腑里的声音迫不及待地冲破胸腔。

"我看过沙漠下暴雨，看过大海亲吻鲨鱼，看过黄昏追逐黎明，没看过你……"

我完全沉浸在自己的一方天地。

门忽然被推开，我如梦初醒，慌张无措地望向门口。是陈安。

"你怎么在这里？"

"你怎么没去看比赛？"

我们同时发声。

"手机落在教室了，我回来拿，你呢？"陈安笑了。

"我想留在教室里写作业。"我讪讪道。

"难得有活动，放松一下！"

"可是……"

"可是什么？一起去看比赛吧，我保证一定精彩。"陈安热切地说，少年的得意神色尽现于眉眼。

就这样，我和陈安一同走在校道上。早前我无论如何也不能想象，我竟会和眼前这个见过我难堪一面的少年走在木叶纷纷扬扬的校道上走得那么近。有陈安在，气氛绝不会沉闷，我们似乎有说不尽的话题。他的一言一笑极具感染力，但又会恰到好处地保留距离，不会让人感觉刻意做作。

站在陈安的身侧，一路上少不了投向我的审视目光，我装作毫无察觉，不动声色地挺直腰板。我抬头看了看陈安，白衬衣的领子整整齐齐，脸上的皮肤细腻得看不到毛孔，头发柔顺地垂在额头，我能想到的所有美好词汇都用在他身上亦不为过。我又看了看自己，穿着垂到大腿的长款T恤，下面是宽大的运动裤，多滑稽！怪不得行人都向我们这看，仿佛用眼神问我我有什么资格站在他的身侧呢？

余下的路程我再也提不起和陈安聊天的兴趣，心里暗自度量我们之间的差距，不知不觉就走到了球场。

"你唱歌还挺好听的。"陈安莫名其妙地说出这么一句话。而后他望向操场，似乎没有继续说下去的打算。

我动了动嘴唇却没发出声，心里乐开了花，这是在夸赞我吗？可是，他的反射弧未免太长了吧？

沿着陈安的目光看去，我见到夕阳的金色余晖洒在大地，运动员换上标志性的衣服，三五成群站在球场的中央。他们无论成绩是否优秀，相貌是否出色，那一刻都自信满满，就像战场上蓄势待发的勇士，好不意气风发。

比赛开始，所有人的目光都凝聚在球场上，但我的眼里只容得下陈安一人。他看得那么认真，进球时会眉目舒张，失利时会急得跺脚，恨不得上场和队友并肩作战。

整场比赛我都心不在焉，一直偷偷地观察陈安的一举一动，赛事是否精彩也变得不那么重要。最后我们班以一分之差落败，大家都在惋惜，陈安没能上场更是所有人的遗憾。

篮球赛结束后，日子和以往并没有什么不同，只是我的心里多了个叫"陈安"的小秘密。我会在成绩榜上搜索他的名字，会偷瞄他画画时的侧脸，也开始关注那些漂亮女生的打扮，并且有意无意地模仿。我揣怀着小小的希冀，努力让自己变得更好。但我未表露半分情绪，反而有意和陈安保持距离，我只敢蜷缩在自己的角落窥视他的美好。

高二的第二学期，班主任大幅度地调整了座次，陈安竟然坐在我的后面。我压下内心的欣喜，面上装作波澜不惊。

后来的相处中，他的好润物无声，一点点地渗透，我没有抵抗的余力。我们越来越熟络，我会在他打球后递上一瓶水，他会在我生病时给我买药。我不用再四处张望他的身影，我知道，他就在后面。

高三来得很快，每个人都变得非常忙碌，我巴不得能把一份时间掰成两份用。偶尔午夜梦回也会梦到陈安，他就站在校道的那头，我却怎么也跑不过去。

12月25日，我们刚考完月考，长期的重压下所有人都急切地想要寻找一个宣泄口，圣诞节无疑正合时宜。

"陈安，我的圣诞节礼物呢？"我的同桌李一心是个大大咧咧的女生，她直接问道。

"你想要什么？"陈安的嗓音有点儿低沉。

"我要果冻、辣条、棉花糖，各种小零食……"李一心连数几样。

"知道了，你呢？"陈安看了看我。

"我想吃西瓜。"我愣了一阵，认真地回答。

"小小，你傻了吧？寒冬腊月的哪给你弄来西瓜？"李一心一向心直口快。

"说说而已，不要在意。"我敷衍一笑。

我转过头继续写作业，笔尖却始终停在一处。旁人听来，我的话确实有点儿矫情的意味。我也知道，西瓜的时令早就过了，所以我只是"想"而不是"要"。我没有告诉他们，西瓜是我最喜欢的水果了，高三以来数次考试失利，我看不到未来。每次心情不好我都会想吃西瓜。

晚自习的时候，陈安带了一大袋零食过来，李一心感动得哇哇直叫，我只象征性地拿了一颗糖果。

"对不起，我没买到西瓜。"课间的时候陈安给我递了张纸条。

"没事。"我本就没打算为难陈安，只是在跟自己赌气。

"下课迟点儿回家，我们去操场走走。"

我一愣神，然后小心翼翼地将纸条夹进课本。

摇晃在那年夏天的阳光

我们去到操场的时候，灯没亮，月光也被云层遮掩，周围一片昏黑。我们绕着跑道走了一圈，谁也没有说话，我以为我们会一直在沉默中僵持。

"给你这个。"陈安突然伸出手。

夜色昏沉，我只看到他拿着一个圆圆的小挂件，依稀能看出是西瓜的形状。我迟钝地接过来，硬质表面上还附有陈安的体温。我紧紧地握住，舍不得松手。这个少年，体贴地包容了我的矫情任性。

"陈安。"我的声音有点儿颤抖。

"嗯？我在。"

"没什么，你要加油啊！"我难得直视他的目光，虽然什么也看不清楚。

"好，你也是。"陈安的声音带有几分笑意。

我想，我再也忘不了那个夜晚，月色凉凉，掌心的温度却异常灼人。我的满腔心事，少年几何知？

高考如期而至，走出考场的那一刻我如释重负。十二年的寒窗苦读终于结束了，再也不会有人强迫我们学习，再也没机会上课传纸条，那些承载着满满青春气息的校园时光，日后只能在回忆里鲜活了。

最后，陈安和林小小会在一起吗？我还不确定。时光总是不断地向前，因为陈安，我不再是过去的怯懦少女，如今我也有了主动的勇气。

Hey，好久不见

懵瞳懵了

早起，忍着哈欠。

穿过三条街去买豆浆油条。然后去中心广场看鸽子，一边吃完早餐。我坐在台阶上，一只蚂蚁爬到我的手背上，痒痒的。

我走的时候把塑料袋之类的东西带走了，毕竟不能在一个地方留下太多东西。我在这里留下过疤痕，我的，和她的。当初她爱上轮滑，偏偏拉上我，我摔几下便玩开了，她在这里滑了一个星期还要我扶，抓住了就不放了。我故意气她说："这么笨也不嫌丢人，笨手笨脚的。"她二话不说推开我，我愣愣地望着她滑出去好远。

我疾步跟在她身后，跟了一路。

她说："你走开。"我便跑到左边。

她说："你不要管我。"我又绕到右边。

她愤愤地说："你走得远远的。"便加快速度，结果滑出去不远还是跌了，横着身子飞了过去，摔青了腿。她坐在地上突然向待在原地懵住的我大喊："木头，还不快过来！"于是我背着她走了一段路，那段路旁的梧桐常绿，可如今是清秋。

我的脚下铺满了柔柔的金色碎叶，而风在数叶子，叶子掉落下来敲打着影子。我们默契地没有说话，看着地上彼此的影子，安静地走了一路。快到家的时候，她突然嚷嚷着要下来，说："让邻居看见了多不好意思。"便又蹦又跳地上楼去了。我扑哧地笑出了声。后来回去的时候我踩着影子，数着叶子，经过一棵又一棵高大的梧桐。

那应该是一段愉快的时光，现在也是如此，只是她离我很遥远了。

路的尽头是一个车站。车来的时候会碾过一地落叶，发出秋天支离破碎的声音。

我想，她只是和我坐了不同的一班车而已。我看到车来了，车轮下发出窸窸窣窣的声音，那种声音真让人心痒啊，像一只蚂蚁爬在手背上，啃着伤痕。

2

周末考完试后去广场喂鸽子，鸽子在我面前起起落落，它们鼓起白色羽翼的样子很像一只折好的纸船，放归天空，沐浴在午后惬意的阳光里。耳边忽而掠过一群白影，鸽子稀稀拉拉地飞走，我想是起风了。我只好往原路走，经过那个路口身边不知不觉涌出了行人，现在是下班的高峰期，他们在我眼前晃呀晃，晃得我头晕脑涨。而我从未想她会突然出现，虽然只有一瞥，可是当我看到她在人群的簇拥下跳上公交车的时候，还是毫不犹豫地追了过去。

我有好多问题想问她。比如问她是不是依然喜欢碎花裙子，问她那年夏天我送的那块贝壳是否早已弃之如敝屣，问她还会不会记得我被她乱画的衬衫，问她是否还有收集梧桐叶片制成书签的习惯，问她我被抢走的日记什么时候还我，问她还会不会想起我……到最后我还是看着她离开，所有涌上心头的话都变成了一声叹息，在喉咙里滚了好久。我想我可能再也见不到她了。这一天阳光耀眼，我在空空的车站等下一班车，周围没有一个说话的人。

　　夜晚总是热闹的。广场上有放烟花的小孩子，他们对升起骤落的璀璨焰火露出执迷的微笑。我看着他们入神，直到有人从后面拍我。"在想什么呢！"我一脸错愕地望着面前穿着碎花裙子的女孩儿，她的脸上出现得意的笑容。女孩儿说："陪我放烟花吧。"

　　我们点燃烟火，火花在寂寂夜空中发出巨响，转瞬即逝。躲在我身后的她突然问我："你喜欢我吗？"天空愈来愈热烈，焰火四散飘着五颜六色的烟。我转头看着她说："如果我说我喜欢你，你会不会抱住我？"而后，她轻轻地抱住我，说道："你会永远记得今天吗？""我是个没记性的人，"我笑着说，"可我不会忘记你。"

　　现在想来，那已经是三年前的夜晚了。

　　坐上公交车回家，往事一幕幕重现。我在想她会不会在某个路口突然出现？或许，此刻她在某棵梧桐树下，抬头便能看见烟火。或许，她在另一个路口，坐上另一班车。或许，她从未出现过。晚风沁人，凉凉地打在皮肤上，我沉默地望向窗外，没有再说话。

　　直到车停了下来，车门走上来一个人。我站了起来，慌张得像个小孩子。我听见那个女孩儿说："好久不见。"

　　"好久不见。"我说。

摇晃在那年夏天的阳光

如果孤独是蓝色的

温多洛

温温自小是个安静，不喜热闹，有点儿孤僻的孩子。小时候看到其他小朋友三三两两地围在一块儿，怕其他人看出自己的异样，也巴巴地黏过去和同学交谈，想努力进入她们的圈子，可是听到她们的谈话内容后，自己的格格不入却越发明显。

那时，温温的友谊似乎都建立在和同学一起同路回家的聊天里。可是渐渐地，走在半路上，马吉吉总会说："温温，你先走吧，我和华微要说几句话。"不一定是华微，可以是任何在路上偶遇的相熟的同学，好像总有什么秘密是不便透露给温温的。温温会点点头，知趣地快步走开。市场里的热闹喧哗，反衬得温温更加落寞。温温告诉自己："没事啊，这是什么大事，就只是把我支走，说悄悄话啊，我们平常还是很好的啊！"

这样维系于同路回家的友谊无奈地短命，温温永远站在被动的一方，朋友说不理她就不理了。

念初一的时候，情形好了一点儿。温温成绩好，长得又好看，刚刚进入青春期的男生对稍微好看的女生颇具好感，于是，很多男生对温温鞍前马后，加上性格随和，温温意外地也收获了几个女生朋友。那是一段踩着棉花糖，幸福得冒泡的日子。可是时间不长，大家不知怎么就逐渐疏远了温温。温温又开始了一个人上下学的日子。爸爸和她说过，如果大家都对你不好，那肯定是你的问题。温温谨记于心，想着，大概是日久见人心，大家终于发现了我性格不好吧。

后来，温温有一次在走廊同偶遇的同班的雪儿热情地打招呼，雪儿没有回答，反而当着温温的面，和彭欣一番耳语。温温尴尬了几秒，排解了心里奇怪的念头，就快速地进了教室。可是，这样类似的情景却层出不穷，越来越多女生同学总在温温经过时，故意压低声音细声细语地说话。开始的时候，温温还觉得是不是自己太敏感了，直到有次无意中和向来不怎么熟，但行事一直大大咧咧的女生一起放学回家，温温在她旁边不断讲笑话，枝子打断温温的话说："我觉得你一点儿都不像她们说的那样啊！"温温原先开心的笑脸瞬间僵住，"她们？"枝子这才缓缓道："温温，我不知我该说不该说，她们觉得你特别别扭，惺惺作态。"

温温倒吸了口凉气，最后还是佯装云淡风轻地"哦"了一句，两人无话。

我是个别扭、惺惺作态的人？原来是这样啊，我自己都不知道。

这些说我坏话的女生毕竟没有那么相熟啊，我至少还有伶儿和华子啊。伶儿是个特别黏人、胆小的小女生，而华子是个聪明、坚强的女汉子。她们三个常常在一起聊天和学习。伶儿老说温温脾气特别好，从不生气，就连和华子吵架时，也说："你一点儿也不像温温那么好。"温温知道这件事，是华子用酸溜溜的口吻说给温温听的。

可是后来，温温也只剩下无奈了。伶儿不再和她坐在一起或者去小卖铺了，就连上厕所也不再黏着温温了。而伶儿和华子和好后，感情火速升温，温温时常看到，伶儿跟在华子身边跑前跑后，却对答应自己的事情，一而再再而三地忘却。后来仔细琢磨，这段友谊里，温温总是在付出，伶儿总是在索取，当伶儿不再向温温索取时，温温对伶儿抛出的橄榄枝，就没有了回应。而华子因为伶儿和温温的缘故认识，从始至终，大概都没把温温当作很重要的朋友。

初二是乖学生和坏学生的分水岭，也是在这一刻，很多男生开始阴阳怪气地嘲笑温温。以前温温觉得自己的名字挺好听的，现在，真恨不得马上改名。后来私下里的调侃被搬到课堂的明面上讲了，温温的脸火辣辣的。温温在心里一遍遍地祈祷老师不要叫自己回答问题，可是各科老师偏爱点温温的名字。温温刚站起来，准备回答呢，同学们针尖麦芒的嘲笑顷刻间放大在教室。老师非但没有阻止他们的行径，反而对一个带头的男生微笑着说："怎么笑得那么恐怖啊？"每一次他人的嘲笑，温温总在心里说安慰自己的话，好让自己不要觉得难堪。可是，老师，我最崇敬的人，你为什么不帮帮我，还在那里说风凉话呢？温温蓄在眼眶的泪水随时有决堤的可能。我这次哭了，是不是又有人觉得我矫情呢？

温温在寒风习习的冬天一个人走了很久，但她对未来还是充满希望，只要离开这个地方，就一定会找到交心的伙伴。

后来，她如愿考上心仪的学校。温温一改当初的阴郁内敛，假装成是那种开朗快乐、热爱搞怪的女生，和周围的同学迅速打成一片。可是仅仅维持了一个学期，再次开学时，温温忘了假装，又变成当初那个郁郁寡欢的女孩儿。喜欢热闹是有期限的，她太累了，不想再装下去了。人缘也在这个学期散去。

温温想，好像总是这样哦，纵使换了个环境，我还是没能爱上周围的喧嚣。

有天，温温一个人从厕所回来，一个站在走廊上看风景的男生突然回过头和煦地说："刚才看你一个人，靠着墙走路，觉得特别孤独。"

温温笑了笑，心里想，就连你也看出来了？

暗恋，那一段没有时光的故事

无泪孤倩

我高中一年级时，第一次听说××的名字。

就叫他××吧，起名字很累的。暗恋故事的男主角本来就不应该有名字。无法大声讲出来的名字，叫××就够了。

高中第一次期中考试前，我后桌的女孩儿看上了一个体育特长生，拉着我们几个去体育场上看他跑圈。体育特长生发现居然有女生观摩，立刻百米冲刺跑出吃奶的劲儿了。后桌却突然冷了脸，大失所望的样子。回班之后她就宣布自己不喜欢这个体育特长生了。

我就问为什么，她说你没看见吗？他冲刺的时候，迎风跑，脸抖得丑死了！他、脸、抖！

对后桌来说，喜欢不过就是一种寄托。放学后坐在靠窗的公交车座位上，从远在郊区的学校一路颠簸回本市中心，我看着外面灰头土脸的街景，脑海中还无限循环，"他脸抖他脸抖他脸抖……"一边笑着，一边也有些跃跃欲试。

好想找个人来喜欢。

但也只是想想。这个念头瞬间就被肩膀上的重量压了下去。书包里沉甸甸的满是练习册，如果在新班级第一次考试就排名倒数，岂不是丢死人了。少女心思化作一声叹息和街景一样灰头土脸。

期中考试结束后，我在班主任办公室帮忙整理学年分数段统计表，忽然被班主任叫住了，她指着题头的那片空白，说，你在这儿写，×班，××，数学150，物理98，化学……

我一笔一画，因为是听写，所以把××的名字写错了，班主任本能地感觉到不对劲，拿着那张纸朝另一个老师挥舞着，问××的名字到底怎么写。

那位老师坚决不同意我们班主任用××来做典型范例。那位老师也教语文，而××的语文成绩……呵呵。门门成绩都漂亮，只有语文丢脸，我是他们的语文老师也不会乐意树立这种典型。

看完了热闹之后，我重新打印了一份表格，复印了许多份，那张写着××名字的，本来想团了扔了，不知怎么就折好留起来了。

这次的第一名其实是另一个女生，备受瞩目的却是隔壁班的××。在我们这所理科见长的高中，更受关注的永远是数理化。而这位××，在这三门科目上几乎没扣分。我刚回班，就听见后座女生在念叨××的名字……

那天起，××彻底取代了体育特长生，成为一众少女幻想的宿主。我当时转过头问后桌，万一这个××长得像大猩猩怎么办？后座不屑地哼了一声，才不，我去他们班门口围观过了。

我那时候可是个浑然天成的装酷少女，淡淡地笑一下就转过头回去做题了。女生们对这个××的好奇与崇拜更加衬托出我的卓然风姿和冷静自持……总之就是，我真是太特别了。

我有过好几次见到××的庐山真面目的机会——

比如后桌女生说："××他们班在外面打球我们去看吧。"

比如我的学霸同学捏着一本字迹极为丑陋的笔记说："这是××的竞赛笔记，我请假回家，你能帮我把它送到隔壁班去吗？"

我的答案都是："不去。"

说来也怪，其他风云人物我都会心态平和地跟着去围观，到了××这里，竟然别扭上了。

可能是有点儿嫉妒吧。我嫉妒聪明的人，从小奥数就是我的噩梦。

内心的自卑感在××这里蔓延起来。

好希望他长得像大猩猩。

日子就这样过去。我在××班级旁边的教室坐了一整年，他们班的同学几乎都混了个脸熟。

有次为一个同学庆祝生日，大家在食堂把桌子拼成了长长的一列，正在点蜡烛时，旁边走过一群男生。前桌女生突然兴奋地小声说："哇，××。"

我条件反射地侧脸看他们，一个男生也转过头来看我们。

大猩猩。

××长得果然很像大猩猩！苍天有眼！我微微一笑和大家一起唱生日歌，却忽然有点儿失落。好吧，不是有点儿，是很失落。

可是为什么呢？

她们的少女幻想都落在了一个具体的人身上，只有我的，落在了一个名字和一堆传说上。

再听到别人口中念叨××时，我心中不再有妒忌和好奇交杂的奇异感觉，只觉得可惜，更为自己之前的愚蠢的小心思而羞愧。

真可惜。我并不是希望你像只大猩猩的。每周五大家都会带着一周的换洗衣物回家，我拎着一个大行李包在站台等车，身边站着我的铁哥们儿。

他的戏份不重要，随便用字母代替就好了。

L正在和我闲扯，不知怎么就往我背后望了一下，立刻换上了一张狗腿子的嘴脸："哎呀，今天真荣幸，能跟文理科第一一起坐车呢！"我一开始只是条件反射地绽放一脸"哪里哪里大家都那么熟就别那么见外了，你看你小子总这么客气"的谦虚笑容，忽然觉得哪里不对劲。文科第一和理科第一？

我怔怔地回过头去。

这是××? 长得还不赖嘛, 那么大猩猩去哪了?

我这才意识到之前是我认错人了。××的衣着打扮也很清爽, 个头的确不高, 但也不算矮, 神情很冷漠。或者你也可以这样想, 我喜欢的人和你喜欢的人都长着一张同样的面孔, 一张只有我们觉得特别好, 却永远都羞于仔细描摹出来获取他人认同的面孔。

××拖着行李箱走过来, 抬头去看站牌。我大方地侧过头去打量他的背影。后来我坐在最后一排靠窗的座位上, 一边和L继续谈天说地, 一边看着外面毛茸茸的夕阳。阳光特别好, L问我今天是不是吃错药了, 笑得这么开心, 我没有回答。

我记得那天从下车车站走回家, 车站在坡上, 而我家在坡下, 我需要穿过一条僻静的小路, 下一段长长的台阶。站在台阶上方, 俯视着下面错落有致的一栋栋房子, 还有远处没入都市丛林的夕阳, 忽然胸口被一股奇怪的情绪充满了。

不仅仅是高兴。

像发现了人生的奥秘, 生活的乐趣, 整个世界都在我脚下铺展开来。我扔下旅行包, 张开手臂, 踢踢踏踏地跑下去, 飞快地冲下一个缓坡, 风在耳畔, 心跳在胸膛, 书包一颠一颠地拍打着屁股, 不知道是在劝阻还是怂恿。

我和我的少女心, 飞了起来。然后像个弱智一样, 再次爬上坡去拿扔在地上的旅行包。

我从不觉得暗恋是苦涩的。

对一个人的喜欢藏在眼睛里, 透过他, 世界都变得更好看。

我会在每次考试之后拿数语外这三门文理科同卷的成绩去和××比较, 会竖着耳朵听关于他的所有八卦, 哪怕别人只是提到了××的名字, 我都高兴。

当然作为一个资深的装酷少女, 我不能表现出来一丝一毫对××的兴趣, 只能绞尽脑汁笑容浅淡地将谈话先引向理科, 再引向他们班, 最后在大家终于聊起××的时候假装回短信看看杂志, 表示不感兴趣。

连这种装模作样都很快乐。

夏天来临时，天黑得晚，晚自习前的休息时间，很多男生到操场上打球。我不再抓紧时间读书，而是独自去篮球场散步，十六个篮球架，我慢慢地绕着走。每走过一个都看看是不是他们班在打篮球，但一旦发现真正的目标，我绝不敢站在旁边观战。

好像只要一眼，全世界都会发现我的秘密。

我说了，车站相遇之后，我再也没能正大光明地打量他。

一脸平静地装作在看别处，目光定焦在远处的大荒地，近处的篮球架就悲剧了，只能看到模模糊糊的一群人。

这群人里面有他。只见到过一次他投三分，空心进篮，大家欢呼的时候，我把脸扭到一边，也笑了。

想起后桌女生说他是个很好的人。

但是我还能做什么呢？高三的晚自习常常被我一整节翘掉，去升旗广场乱逛，坐在黑漆漆的走廊上，想着一万种可能被他认识的方式。

这段倒灶的暗恋，乏善可陈，我却万分郑重地写下每一个字，要让它听起来特别。

017

虽然没有喜欢你，我依然要谢谢你

小眼鱼子

每次放长假的规律无非是，在外嗨几天，玩累了便在家等发霉。国庆七天长假，前三四天春光灿烂发各种美食聚会自拍、他拍，后几天朋友圈便开始吹起了瑟瑟秋风，此刻情绪是低沉得不要不要的，各种伤感、怀旧如同1937年的电影《十字街头》里的歌唱的一样浪里个浪。而我，当时也不过是在百无聊赖的情况下翻箱倒柜找出了当年各种幼稚毁脑的信，旧时的记忆便一下子被唤醒。除去那些和闺密通了N年冗长又唠叨的信不说，倒是有几封乍一看字特丑的，让我突然就来了兴趣。

手头上就这样抓着三封情书。三个小男生的稚嫩背影不觉从脑海里荡漾而过。

第一个喜欢我的男生，在小学五年级。那个时候老师在作文课上已经开始教我们如何记事记人，某同学果然是认真上过课的，书信里那些词语学以致用："我喜欢你那大大的又炯炯有神的眼睛，每次老师不在，你作为班长坐在讲台上管纪律，那眼睛好像会说话似的……"后面又是一大篇接着描写嘴巴、耳朵的桥段。形容太过浮夸，不切实际。如果我没记错，这封信是他在某个寒冷的冬天假装往楼道口走时，没有一丝丝防备，好像打间谍战一样神秘兮兮地硬塞在我手心的。这是我收到的第一封情书，那一刻简直为自己生动的存在感而内心各种狂喜，特别是把信当作一种炫耀的宝物递给小伙伴看的时候，他们羡慕的眼神让我腾云驾雾。结果,当我在众人面前活生生拒绝那个小男生时,他一下子就泪奔了。

第二个喜欢我的男生,在初中。在一个年级才有可能出一个随身会带大哥大的土豪穷酸背景之下,iPhone、三星处在孕育期,公共电话不远百里才有一个,人类为了可以在艰苦的环境中传达自我情感,便发明了古老的"飞鸽传书"。某男内功深厚,那只鸽子正好不偏不倚地飞到老师书本上。内容陈列从相知到相爱的心理变化过程,最后落笔才是重点:那,今天下午放学,操场等你。老师瞪了我一眼:"你们两个!等下来我办公室一趟。"我忘了当时是怎么哭着被我妈揪着耳朵拎出教室的,只记得同样是一个寒风凛冽的冬天,男生站在教室门口罚站,全身上下包得跟粽子一样,一把鼻涕一把泪委屈得跟《萤火之森》里的男主角一样。后来他转了校,事情也就无疾而终。年少的心起起伏伏,有些东西争执到最后还是成了一场闹剧。

第三个喜欢我的男生,在高中。我不明白自己每次的出场为何总是扮演一个学霸的角色。我喜欢和漂亮的女生在一起,学她们怎么开始用化妆品,慢慢学做一个美丽的女生;喜欢男生打篮球,在那西瓜一样大的东西"哐当"稳进篮板时,恨不得嫁给那个男生。只可惜,那年代好不容易存钱买的一支BB霜被老妈雪藏,我喜欢的男生视线永远停留在那些漂亮脸蛋上。收到情书的时候,发现署名的李同学还是个热爱诗词文赋的大宅男。梦想和现实博弈无果,期待总要扑了空。尽管那些字里行间流露的文字早已经没有当初那么天马行空、热情奔放,更实在地多了几分实诚和成熟,增添了几分感动和温暖。但锋芒毕露的事实总是,不会唱周杰伦的歌可以用球技弥补,不爱运动的本性可以靠脸来撑着,在各项指标都没能弥补上的情况下,只能送客于千里之外。那时妹子们已经学会用一种更善解人意的方式拒绝男生:"对不起,你可以找到更好的。""你是个优秀的男生,但……"这种话,自己也不小心凑了个热闹。

如今,这些男生散落何处,在做着些什么,不得而知。就算曾经加过他们的QQ，那些没备过注聊过天的也已经早早迷失在庞大的隐身族中。时间让我们谁也认不清谁的脸，直到某天看到熟悉的轮廓后，不觉惊呼："你是当年那个某某某……"打个粗壮的问号和感叹号。原来我们已经走了这么久、这么远。

有人说人生如戏，你的一生中若要精彩，总得靠自己去碰几个配戏的好演员。那些年素面朝天一切都懵懵懂懂的时候，虽然每天过得波澜不惊，但起码生活还是原生态的样子，少男少女们本真的情怀，羞涩单纯的脸庞，到处有可爱的风景。抓着这三份情书，如今再翻开来看就觉得确实很幼稚，但却记载着一份份比较真实感人的青春故事。

喜欢过我的男生不多，写过情书也只有被翻出来的这三封。旧书信，旧笔墨，暗黄字，满满的是复古的味道。褪了色的纸，有些连名字都看不清晰。回想起来的时候，脑海也大概只可以浮现一个轮廓，便再也记不起他们的名字。只是，如果你今天反问我，我曾经喜欢过的男生，我依然可以把他的兴趣爱好、星座、血型都一并背出来。人就是这样，自己喜欢的东西会拼命去追，不喜欢的东西可以全部忘记。

我不是个天生丽质的姑娘，谢谢他们当初的欣赏，给了我无比的自信和勇气，也谢谢他们曾经的爱恋，给我的青春生活增色添彩。谢谢年少的时光，让我的心情此起彼伏，成长五味杂陈。

王家卫电影里有句台词这样说：当你不能够再拥有，你唯一可以做的，就是令自己不要忘记。或许等到某一天，你会重新邂逅这样一群人，当心境和环境都变得不一样的时候，"嘿，你现在写的字丑吗？""喂，你五年级的时候给我写的情书我还留着呢！"说不定，这次，你就不会再拒绝人家了。

你要像《重庆森林》里的金城武说的那样：在阿美心中，我可是个很酷的男人。所以，你还要不停努力，让自己永不过期。

谁念西风独自凉

庾 渊

我高中时记了四本日记本，两本是关于学习的，两本是关于你的。

高二你生日的时候，我把你的照片拿去网上打印，想送给你。刚下单成功，就得知了你有女朋友的事。其实几十张的照片里只有两张是你的自拍照，几张是我偷拍的你远远的背影，剩下的就都是你名字的缩写。后来照片收到了，没办法送给你了，也舍不得扔，到现在还在我收藏旧物的盒子里。

我给你写过两封信，但是没有给你。

知道你有了女朋友，我把两本日记本和一本写满了你名字的本子用胶布缠起来，封得死死的，当作告别。

高二的运动会，你站在我不远的前面，我就在人群里看着你的背影，整整一个小时。

三八妇女节我批发了很多花拿去卖，我留了一枝玫瑰花，想让你送给你妈妈。

后来我真的遇到了你，却怎么也没有勇气去和你说话，最后只能跑到门口看着你越来越远的背影，心里五味杂陈。

高三的平安夜，我在人群中看见了你，突然很想把身上仅有的苹果给你，就追上去，结果人太多，找不到你了。

后来我没晚自习了，但是都会在回家前在我们以前一起聊天的走廊那里站一会儿。

一直想和你合照一张。

在年级榜单上你的照片前看很久。

以为感动可以变成爱，仗着你的善良来任性我的自私。到后来，喜欢就变成了深不可测的自卑和恐慌，害怕你看见我的样子，于是就一直躲着。

现在想想，我躲的不是你，我只是逃避现实，你不喜欢我，和我不自信、不美好的现实。

还好时间把所有的不愉快都带走了。你大概也忘了我当初不要脸的死缠烂打。忘记比较好，记得会让我很心虚和羞愧。现在的我变得比以前好太多了，你也很好。我们没什么交集，也不会彼此仇恨。

漫长而又短暂的三年，在梦里与你相见的次数比现实还要多。可我却总是流泪，无论梦境抑或现实。那些因你产生的欢喜和悲伤，随着时间的推移也渐渐在我的记忆里消失，而留下的纸页、照片，成为喜欢过的证据和纪念。

我释怀了这一段一厢情愿的感情里所有的所有：你的笑容，我的幻想；你的冷漠，我的纠缠；你的善良，我的不甘。

你说你喜欢我的时候，我的眼泪就那样在你面前流了下来，毫无防备。

然而，那一刻，我却无比清醒地知道，这是梦。

我做了很长很长的一个梦，长达数年。直到这一刻，我才终于醒过来了。

梦里梦外，我都醒了。

温 柔 先 生

走 之

"愿你被这世界温柔相待。"

"啊呸！为什么世界从不对我温柔相待？"

"还不是因为你长得不好看？"

"滚！"

以上就是我和我亲爱的后桌——蠢囧，以"为什么我已经十六岁却还是没有被人告白"等一系列关于青少年成长为主题的课间不好好学习瞎唠嗑的部分内容。

对于这次主题，我们（好吧，我承认只是我自己）不允许铁四角的另外两个人加入。至于为什么——谁让她们2月14日早上收到各种不同型号的巧克力、棒棒糖和围巾，虽然她们爽快地分给了我们，依然令我很伤心——长这么大从没享受过这样分食物的过程。

不说了，宝宝心里苦，宝宝都憋在肚子里……

"我只能仰头不让眼泪流下来。"我抬头四十五度，望着天花板，也许我的侧脸里是淡淡的看不清的忧愁……

"少扯，"蠢囧眼镜一摘，二郎腿翘起来，小嘴一撇，说道："善良没用，你得漂亮。"

虽然这是我最不愿意承认的问题，"什么粉白的皮肤啊，唇红齿白啊，大眼水汪汪啊，一米七大高个儿啊，我每条都占啊！"

"你听说过肤白还得貌美吗？"

"滚！"

"欸，我说，你怎么节节课下课去厕所啊？"蠢囧总是带着母爱的光环，关注我的校园生活，他常说："哎呀走之，你收拾书包快点，你妈在家等你不着急啊？""别抠嘴，把手拿下来！""外套能不能放好？掉地上脏了你自己洗啊！""书包这么乱，还是个小女孩儿呢……"

我妈都没说过这么多……

但他这次的问题还是有点儿价值的，因为，他点我穴了……

我小学时代喜欢的男生，再次与我在高中相遇了。

三年未见，他长高了不止一点点，他对我已经可以俯视了，一个当年还没有我高的小家伙，肤色有些黑了，头发也剪短了，脸上干干净净的，清清爽爽的样子。三年了，看到他还会想起曾经的模样，心里还会漏跳一拍。与他四目相对时，我赶忙害羞地把头转一边去，害怕被他认出来。

然而这样一个像小说那样美好的情节，在现实中当然不可能存在。我转头的时候，亲上了我身边的妹子……

没错，还亲得很结实！虽然只是脸，但，着实吓到了他和妹子……

这样尴尬的事情我真不想告知众人，或者是众人中的任何一个人，例如蠢囧。

所以我拒绝回答蠢囧的问题，然后他让我明天去医院做个肾方面的检查给他看看。

……

接下来的日子我是这样度过的——

为了能路过他的班级，我只能不断去厕所，透过窗户看他一眼。

虽然已经被他想象成"那种人"了，但毕竟他经历过我的青春！说白了，还是脸皮厚……作为一名文青，我把这种行动定义为"暗恋继续进行曲"。

这个曲子，我弹得是真用心啊！

为了路过他的班级，除了去厕所还有更高端一些的小伎俩——去英语组问问题，终于感化了我的英语老师，他让我做英语科代表，而且号召大家向我学习——真的，别向我学习啊……

我也常盼望周四的体育课，这样我就可以偷偷地在做操或解散的时候瞄他几眼。

有一次，他玩游戏输了，被罚唱歌。我突然回想起小学的时候，我和他是同桌。他唱歌很好听，音乐课上，老师叫他做个示范，他鼓励我站起来和他一起唱，虽然我天生就五音不全，但他依然夸我，说我很棒。

再次听见他的声音，比原来浑厚了许多。我抬头看着他，阳光洒在他的头上，他微眯着眼睛唱《红玫瑰》。我就盯着他一直看……直到一片哄闹声响起来，身边有好多人激动地说真是好好听。

嗯，确实好好听。

他中考考砸了，以一分之差与实验班失之交臂。

如果开学后第一次考试考得好，还可以滚动到实验班，那么优秀的他，一定会考进去的。于是我也铆足了劲，想跟他同班。我去办公室问问题的次数多了，常会碰见他，但不再躲着他了，因为我的信念越来越坚定，也越来越自信了，为什么一定要躲着他呢，万一认不出来呢？哈哈……好吧，我还是没勇气。

站在一个你喜欢的人面前，你会感到自己的腿有多粗，脸上的痘有多茂密，声音有多么难听，头发有多么凌乱，总之，会把你的自信打得一干二净，从此无缘人生巅峰……对方仍是依旧。

第一次考试的成绩出来后，看到自己领先他二十名而且有进实验班的资格，简直开心到哭！终于能像个人似的站在他面前啦！

正是秋天，多雨的季节，我们终于在这美好的日子里迎来了运动会……我的悲伤，同学们都懂……

去超市买零食的时候刚好撞见他，他依然潇洒——推着购物车从我身旁走过，换作其他女生，一定会害羞地偏头微微一笑，然而我怎么会普通呢！我当时——正在愉快地给我同学——演、傻、子！没错！就是《欢乐喜剧人》中艾伦演的傻子！

我眼睛一斜，看到他一脸诧异地从我身边走过。

我同学都对我说："哇！好像！真像啊！你简直就是艾伦2号。"

我想无论他想不想得起我，我都给他留下了深刻的印象。

运动会第三天，大家的真心话大冒险都玩够了，学校又不让带手机，就有一句没一句地聊着，或者看看小说之类。不甘寂寞的我，偷偷跑去高三楼前的小池塘，把从家里偷出来的鱼粮倒进去，红色的锦鲤都游到我跟前，我实在装不下心里的满足感了，大声喊道："哎呀，你们这帮小崽子，跟着爷，爷我养你们不愁吃穿啊，哈哈……哈，哈哈！"

为什么笑得异常呢？为什么我每次的糗样都会被他看到？他不是要跑赛吗？为什么从男寝室出来了啊！

我尴尬地保持着刚刚一手叉腰一手指鱼的动作，看着他，心里一万只羊驼奔腾而过……

我接下来要怎么表现？装作啥都没看到吗？嗯，对，就是这样——赶紧跑！

"你是走之吗？"没转身呢，你玩赖啊！但是，听他叫了我的名字，真是死都值得啊！我本能反应是——对呀对呀就是我啊！你还记得我啊！

然而却硬生生、羞答答地说："嗯，我是。"

"我是烨，你应该还记得吧？咱俩是小学同学。"

"哦！是你啊！"我装作恍然大悟的样子，"哎呀，你这么高了，头发也剪了，我都没认出来！"我现在撒谎的技术越来越高超（佩服我自己）。

"嗯，大学霸，你倒是没怎么变啊。"

"你没觉得我变瘦了吗？"我想当时一定是脑抽了。

"哈，你看你，我这么说就是你原来也不胖啊！"我心里奔腾而过一亿只羊驼！这孩子太会说话了！他笑了笑，"而且，很有文艺范儿！"

"啊，谢谢……"这次我终于成功偏过头害羞地笑了。

"请男子三千米运动员到检录场检录……"

"啊，我得去比赛了，你回去吗？"

"不！这帮鱼需要我。"我把右手抚在胸口上，一脸的信誓旦旦。

"哈哈，好吧，以后再聊。"

我们挥挥手说再见。我一直看着他，直到他的身影消失在视线里。

六年级毕业，他悄悄告诉我，他很喜欢我们班长，因为她特别有责任感。我记住了他的话，于是初中三年，我做了三年班长，和班里的男生称兄道弟，陪女生出去就像男友那样周到服务，四十四本字典从一楼抱到六楼，胳膊累得酸疼。我连任三届市优秀班干部，大家毕业都叫我"老班"。

我变得开朗，脾气也渐渐改善很多，我以为自己变成了那个有责任感的女孩儿。

也许他还记得我喜欢他，他依然那样，像过去那样温柔，所以才会说这个美到我心里的"文艺范儿"吧？

无论他是夸赞还是嘲笑——我想应该是夸赞吧，他透过我所有的傻却给我鼓励，就像那节音乐课上一样。

也许我高中毕业后就不再有这样的三年期限和他相见，但"文艺范儿"的妹子，总是会有个柔软的地方留给温柔的人，那儿——全是温柔的记忆。

少年微微笑

小妖寂寂

学校生活区新开了一家小卖部，看店的是个十七八岁的少年。

我不知道自己是什么时候开始注意到他的，也许是在宿舍的座谈会上，八卦的女生们七嘴八舌地夸赞他的时候。嗯，她们说他颜值高声音好听，还勤奋刻苦好学，闲下来时手上总是会捧着一本书，一边看一边写着笔记。

对了，听说这个少年店主笑起来脸上有两个酒窝。我决定也去看看他。

029

第一次到他的店里，我买的是一瓶可乐，易拉罐装的。郁闷的时候，我最喜欢的就是买可乐喝。我无比享受"啪"地拉开拉环的感觉，好像里面藏着的很多快乐瞬间被打开。而第一次见到他对着我微微笑的时候，也是这样的感觉，我心里的快乐满得要溢出来。他一笑就露出两个酒窝，和我的男神张智霖一样。

是的，张智霖是我的男神，身边同龄的女孩子和我很不一样，她们喜欢鹿晗、李易峰、杨洋这样的小鲜肉帅哥，她们说张智霖是老男人。

没有人知道，有着两个酒窝的少年店主成了我的二号男神。

我不动声色地收集着关于他的一切，我知道了他家庭条件不太好，所以他早早就辍学出来打零工，后来存了一点儿钱，于是到我们学校开了这家小卖部。因为这是他曾经梦想入读的高中校园。我知道了他希望通过自己的努力再存多一点儿钱，然后可以去读全日制自考大学。我知道了他喜欢自己煮饭吃，因为这样才有家的味道。我还知道了他很孝顺，每个月都会给父母寄钱寄物的。

他真是一个美好的少年。我默默地关注他，从来都没有跟他说过一句话，直到那一天。那天的我没有像往日一样戴着宽大的黑框眼镜，这其实让我有点懊恼，三百度的近视，我担心站在货架后会看不清他的微笑，看不清他的酒窝。

结果真的看不清楚。郁闷的我买了瓶可乐和一只蝴蝶发夹。然后猝不及防地，付账的时候他和我说话了。

"你今天是换了隐形眼镜吗？"他微微笑着问我。

"为什么这样问？"我有点儿疑惑。

"因为你好像每天都会来，戴着一副黑框眼镜。"

一股带有惊讶的快乐从心底升起，原来他有注意我。是的，我每天都会来，有时是买瓶可乐，有时是买点儿水果……买可乐时我眉头微蹙，买水果时我嘴角微翘。我在悄悄地告诉他我哪天心情不好，我不想只有可乐知道我糟糕的坏心情。我甚至一天会来两次，穿不同的衣服，从宿舍出来到小卖部之间，楼下的管理员只会埋头看她的报纸，路上的学生只会低着头看自己的手机，那么最先看到我换了新衣服的就是他了。

激动的我想和他说点儿什么，可是最终我只是羞赧地对着他笑了一下。

嗯，站在收银台前，近距离看着他的微微笑，感觉真好。

我转身走向小卖部门口时，他在身后如老朋友般来了句："明天见。"我没有回头，但我在心里也默默地呢喃了句，明天见。我想我会坚持每天都来的，不管有多忙多累，都要到这里来一趟，就看一眼他的微微笑，看一眼他的酒窝。

日复一日的感觉让我觉得很是安心，但也有乱了手脚的时候。有一天我的钱包不见了，也就是说里面放的现金没有了，银行卡、饭卡也都没有了，最懊恼的是里面还有一张我男神张智霖的签名照。我赌气地想我这辈子再也不会用钱包了！

但我还得去小卖部。我把刚买没多久的陶瓷小猪储蓄罐打碎，只为能拿上零钱去少年的店里买瓶可乐。又是那种熟悉的被治愈的感觉，但当我从口袋里掏出零钱却连纸巾、钥匙和耳机线都一并扯了出来时，窘迫得我头都不敢抬。我开始后悔，我痛苦地问自己为什么不再去买一个钱包。

正当我不知所措时，少年店主体贴地打破了这尴尬，他指着我头发上的蝴蝶结说好看。而我看到他少见地穿了新衬衫，终于机智地回了一句："你的衬衫也很好看！"

于是他笑笑，我也就笑笑，空气终于舒缓了下来。

但接下来连续几天我都在思索一个问题——他是何时才会穿衬衫的，我回头想了又想，完全找不到规律。不知为什么，我总觉得他穿衬衫就跟我买可乐一样，都不是无缘无故的。终于有一天我冲动地去问他了，也许我是因为好奇，也许我只是想找话题和他说话，总之，我问了。结果他告诉我："去约会的时候。"

他微微笑着，有两个酒窝。可我的心却沉下去。

他说他有一个漂亮的女朋友，跟他差不多的年纪，在城市另一边工作，他们约好了以后要一起去念书。女孩儿喜欢他穿上衬衫的样子，所以每次要见面的时候他都会穿上衬衫。

我默默地听着，我很后悔，要是我没问这个问题就好了，这根本就不是我想要的答案。也许我的表情有点儿落寞，他的声音忽然变得很温柔："你是哪一年级的？学习很辛苦吧，不要给自己太大压力，无论什么时候快乐最重要。"

我仍然没有说话，转身抬步走离他视线时，我侧头轻轻地、有礼貌地、象征性地说了句："再见。"声音微弱得……其实我根本就没发出声，我就只是对了个口型而已。

摇晃在那年夏天的阳光

在小卖部前面的台阶上，我差点儿踩空。我想起他的微微笑，想起他的酒窝，想起他刚刚对我说快乐更重要。是的啊，我才十五岁，我才念高一，我为什么要把每天的生活过得那么凝重呢，我为什么总要露出一副少年老成的样子，我为什么要去担忧那么多，我为什么不和同龄的女孩子一起大声地把心事说出来再去大声地笑呢！

忽然就有新的力量诞生，我要去迎接全新的自己了，那么，再见，我的少年微微笑。

奇葩出没，此处应有掌声

奇葩舍友欢乐多，我的生活注定哭笑不得。

话说我宿舍有两朵美丽的奇葩，一个擅长各种强迫症，另一个专业健忘十八年。如果这世界有个奖项叫"奇葩奖"，那我的两个舍友一定能获此殊荣。只要我的奇葩舍友出没，此处就应有掌声，不服来战——

奇葩出没，此处应有掌声

舸 轩

奇葩舍友欢乐多，我的生活注定哭笑不得。

话说我宿舍有两朵美丽的奇葩，一个深度强迫症，另一个专业健忘十八年。如果这世界有个奖项叫"奇葩奖"，那我的两个舍友一定能获此殊荣。只要我的奇葩舍友出没，此处就应有掌声，不服来战——

邱小鱼：健忘症 放弃治疗

开学不到半个月，邱小鱼洗澡忘记带衣服七次，忘记拿毛巾大于十二次，穿着棉拖去洗澡五次，把沐浴露当洗发水用无数次……她说她需要一个大脑，很好用的那种。

邱小鱼一回宿舍就喜欢自曝糗事，比如说今天取钱忘记退卡啦，刚刚坐公交忘了有没有滴卡，昨天的外卖好难吃然而今天又在同一家店点了同一个菜……

如果你以为邱小鱼会为此自卑那就大错特错了。对于大部分的糗事，她可是脸不红心也不跳地讲完的——"我四天内六次锁完车没拔钥匙，车居然没被偷耶，我都不知道小偷干吗去了……""今天剪完头发是不是把智商剪没了？去买个甜瓜，没找回零钱就走，又走回去要零钱。再走几步，买了个西瓜，从老板手中抽了十块钱就走。还好机智如我，回去把他手里颤抖的五块钱要了回来……"

我叫邱小鱼不要放弃治疗，最好补补脑什么的。可是邱小鱼不听，还拿"鱼的记忆只有七秒"自慰。于是我无话可说，捶胸顿足，坐等她的糗事。

果然功夫不负有心人。在某个云淡风轻的午后，邱小鱼酷酷地按了免提，一开口就干净利落地说："送水。"

对方"啊"了两声，邱小鱼毫不在意，霸气地说："你好，六零四需要送水。"

对方提高了声调："什么？"

邱小鱼依然霸气地说："水送到六零四。"

对方生气了："这里是车站订票的！"说完就怒挂了。

邱小鱼无动于衷，喃喃自语道，"原来这不是送水工的号码呀，你们谁有……"

陈小喵：强迫症　治疗无效

陈小喵的牙刷和毛巾只在某月的第一天换。她曾把一条裂开的毛巾坚持用到月底，而我有幸目睹了毛巾的面目全非。

陈小喵扫地时一定要从门口开始扫；擦柜子一定要由上至下从左到右；洗衣服时一定要先洗大件的，不允许小件的乱入……

陈小喵不胖，却有减肥的强迫症，总感觉自己多长了几斤肉。她买了个电子体重秤以示决心，有事没事一定要站上去称一下体重，然而并没有什么用，该吃的她一样都不会少。某个月黑风高的夜晚，她趴在床上发朋友圈——这个月我一定要瘦十斤，特发此朋友圈作证。如果减不了十斤我就——删掉这条朋友圈，下个月再发一次……

紧接着下一个镜头，我看到陈小喵屁颠儿屁颠儿地滚下床，拿着泡面往饮水机跑去。吃完泡面后，陈小喵又习惯性地站到体重秤上，一边摇头一边喊着要减肥……

不过陈小喵觉悟较高，也愿意接受治疗，曾经故意把体重秤藏起来。没有人知道体重秤去哪儿，只知道它没过几天就回来了。

我是如何鉴定陈小喵治疗无效的呢？那么故事来了——

众所周知，陈小喵有个不成文的强迫症——不认识她的人叫她时要连名带姓，不然她会觉得怪怪的。

某个阳光不算明媚的午后，陈小喵接到一个电话，据说电话那头传来温暖而富有磁性的嗓音，听上去会让人联想到帅哥或者暖男什么的。

"请问是小喵吗？"据说是很温柔的男生的白开水般的声音。

"是啊！你哪位？"陈小姐掩饰不住狂喜，眼睛炯炯有神。

"你有个快递到了，天天快递……"

"哦。"陈小姐的脸色立马黑了，怒挂电话后，忍不住对着电话吐槽："素不相识能把我姓带上吗？你才天天快递你全家都天天快递！"

后记：我依然爱我独一无二的舍友，也特此鸣谢她们带给我的快乐。最后，我想说一句话，邱小鱼的微信名叫"机智的少女鱼"，陈小喵的微信名叫"超级机智的少女喵"……我想静静……

五个老阿姨的战争

晚 茉

都说宿舍是个相爱相杀的小江湖，但是三个热爱自由的射手座，一个霸气外露的狮子座再加一个事儿妈样的处女座，那就真是分分钟从相亲相爱的大家庭切换到鸡飞狗跳的小战场啊！

我们宿舍分别是：射手座素、射手座虹、射手座琴、狮子座海和处女座的我。

舍长狮子座海霸气侧漏的名声由来已久，妹子长得娇小玲珑，人前安静可爱，爆发起来却把人惊得目瞪口呆。

那是一个月黑风高的夜晚，大家洗漱完毕躺在床上开卧谈会，不知是谁提到了心仪的男生，据说该男生声音清冽好听，是声控妹子之必备良药。只是妹子矜持羞涩，除了男神号码一无所知，连有无女友都不曾知晓。舍长怒其不争，拉开床帘，大手一挥，电话号码拿来，老娘帮你问。

宿舍顿时鸦雀无声了几秒，随即开始拍手点赞。

我全程屏住呼吸小心换气，等着舍长展露拳脚。只见舍长电话打开免提，一接通就开始装熟扮老同学："哎你最近怎样呀？还记得我吗？"

男生一头雾水，只能不停回忆舍长究竟是他的哪位同学。

这时舍长循循善诱，假装伤心地叹气说："哎你居然不记得我了，我好不容易才打听到你的号码，我还给你表过白呢？你居然忘了我。"说完再委屈地吸吸鼻子，一整套动作行云流水堪称完美。

该男生也是脾气好，被舍长这样逗弄也始终好脾气地回忆，趁着这期间舍长有意无意获取了不少情报，比如男生的专业、院校和爱好。最后男生无奈地求饶说："不好意思我实在是想不起来，你说吧你叫什么？"

舍长立马顺藤而下："那你告诉我你有没有女朋友我就告诉你吧。"

然后男生说没有，舍长立马随口胡诌一个名字，果不其然男生思考数秒后开始怀疑说："那你知道我叫什么吗？"

舍长再胡诌一个名字，就成功把整件事变成一个打错电话的乌龙，然后诚心道歉，再利落挂掉电话。

完事后鼓励妹子说："人品不错，声音也好听，虽然我的方法过分了点儿，但是知道了他没有女朋友，好了，你放心去追吧，这门亲事我们都答应了。"

要知道那时我还是个人畜无害的温良淑女啊，舍长这连拐带骗的勇猛行为简直是替我打开了一扇新世界的大门，我简直分分钟想给她跪下啊。

当然后来我们也深受其害，她总是一脸正经地胡说八道，把我们这些彼时还未变成大灰狼的小绵羊骗得团团转。所以只要是愚人节，我的耳朵只要一碰到舍长就自动开启关闭模式。

接着说射手座虹吧，妹子堪称学渣中的渣宰沫，我们这些对自己认知清晰的学渣都知道要在考试期间蓬头垢面地使劲复习使劲抱佛腿，她却偏不！她总是在我们勤奋复习的时候雷打不动地上网淘宝看韩剧，只在考试前一晚，随眼看几章重点，淡定到差点儿让我以为她有一块免考金牌或是什么秘密武器。可是后来才发现，她什么都没有，只有谜一样的自信。

但是考场何其残酷啊，她的好运也总是发挥了那么一两次作用就罢工，最后还是光荣地补考了。

所以说"一分耕耘，一分收获"啊。

最后再点名一下射手座素小朋友，该妹子倒没有什么奇葩事迹，但是她男友却是奇葩中的战斗机，有次妹子花钱太狠，卡中余额不足，向其男友撒娇卖萌说："快穷得连洗衣粉都买不起了。"

只是没想到，她男友一根筋耿直到底，二话不说就给她寄来一大袋洗衣粉，那块头把一个成年男子砸晕都不在话下。还在微信上邀功说："我给你寄洗衣粉了，你看看还缺什么我给你买，我就是你坚实的后盾，么么哒。"

气得某素三天食欲不振，夜不能寐。

写到这估计会有人抗议说怎么不讲讲自己，毕竟作为一个人见人黑的处女座能顺利活到现在肯定是有一些必杀绝活的吧。可能要让大家失望了，作为一个随时高冷偶尔逗趣的处女座少女你觉得我会答应你如此无理的要求吗？你觉得我会把自己从自行车后座突然滚到大马路上这类的糗事告诉你们吗？！

但是我骨子里还是一个平易近人的漂亮阿姨的，所以附送一个小剧场给大家解闷好了，剧场名为：《都是卧底惹的祸》，出场人员：全体宿舍成员。

事情是这样的，前几日有人提议宿舍一起玩"我是卧底"这个游戏，初识这个游戏时我内心的第一印象是"嗯，如此诙谐有趣考验智商手撕卧底增强宿舍凝聚力的游戏真真是不可多得的好游戏啊！"遂举双手双脚赞成。

我要用面上的不显山露水营造出一种清风飒飒般的无所谓和你看我真挚的眼神我绝对不是卧底我是无辜的，以用来迷惑面前这些凡夫俗子。

只是玩了几轮后，我们火力全开，画风就有些不受控制的突变了。

比如这样。

射手座琴："我get不到你的点怎么办？我选你是卧底好了。"

狮子座海："啊啊啊我跟你是一国的你居然选我，天呐你怎么会这么蠢，我快窒息了啊妈妈救我！那我也要选你，谁叫你选我的。"说完抛来一个"哼，老娘就是这么爱憎分明"的眼神。

还有这样。

射手女虹："看到我的白眼了吗？我简直无力吐槽你们的智商了，每次都选我，心塞心冷心绞痛。"此处加一个"不说了我们天台决斗吧，我辣条都买好了位置都占好了"的邀请。

以及这样。

处女座我："等一下，我肾上腺素一直往上涌我要发个微博缓一缓，我嗓子快喊哑了我要喝口水压压惊，我快被你们蠢哭了我要跟你们先打一架不然玩不下去了。"此处加一个两手掐腰声嘶力竭唾沫横飞的泼妇动作。

最后这样。

处女座我："菜刀在哪里？斧钺在哪里？锅铲在哪里？有什么事是非要好好说而不能坐下来互相砍几刀解决呢？"此处加一个生无可恋世界再见的表情。

所以，游戏结束后筋疲力尽的我总是感到万分沮丧甚至开始怀疑人生，一定是我们玩游戏的打开方式不对，不然我们之间怎么会变得如此陌生呢？我可是一个黑色水笔加粗的大写的淑女啊！刚才那个翻白眼大嗓门的泼妇才不是我！才不是！才不是！我一定是被什么奇怪的东西附身了。

妈妈救我！

最后，少女们，看着阿姨的眼睛答应阿姨，以后在男神面前不要玩这个游戏好吗？！不要在男神面前和一堆愤怒的女人互相嘶吼眼神尖锐疯狂暴走好吗？！永远做一个安安静静的美少女好吗？！像梁山伯答应朱丽叶一样答应阿姨好吗？！

奇葩学校见闻录

殇 少

公元2014年8月23日，初中一起毕业的同学们都发来信息说开始分班考试啦，上了高中感觉不一样啦，学校提前补习高中课程啦之类的。而我，身为一个因中考缺考名落孙山后还能整天嘻嘻哈哈的"伟大"学渣，英明而又果断地选择了复读。于是，在同学们三五成群地步入高中大门的时候，我背着书包颠儿颠儿地踏进了地区第一私立中学。从此洗心革面，好好做人。哦不，好好学习。

由于校区宿舍已满，于是我在别的同学羡慕的眼神里成了一只稀缺品种——走读生。然后，每天步行两个小时上、下学走得小爷腰酸背痛不说还经常晚点迟到。再然后被坑的感觉就油然而生了。在我到校报到的第一天晚上，年轻的英语老师踩着高跟鞋"咯噔咯噔"地踏进八年一班的教室开始上自修。本着"大树底下好乘凉，教室后排好疯狂"的个人理论，我坐在了倒数第一排，以后的每天便都可以听见"嗡、嗡、嗡"的蜜蜂叫了，偏偏我报到的当晚，蜜蜂叫里夹杂了"哈哈"大笑声。我当时还纳闷儿呢：这就是传说中的尖子班？怎么能闹成这样？真是"名副其实"。

"啪"一声，吓我一个激灵，年轻的科任老师把课本摔在别人课桌上，"笑个毛线啊你们？"我立刻就惊呆了，于是这老师被我贴上了"不能惹"的标签，要是惹了我就该英年早逝了。那个，我弱弱地问一句，那位被老师摔桌子的同学，老师吓到你了吗？

在入学一段时间后，我成功地没有和班上同学打成一片。也是在那段时间我逐渐体会到了这个传说中的第一私立中学到底有多坑：整个学校的高级领导都是一家你信吗？不准抽烟酗酒打架谈恋爱也就算了，连一个学期难得回一次家的可怜的住读同学的手机都要没收你知道吗？每个星期一升旗仪式后校长都会以"下面我简单地说两句"开头然后滔滔不绝，唾沫横飞地简单地说上半小时这事儿谁敢说出去？还想不想在学校混了？

班主任都喜欢在大扫除的时候说"教室是我家，卫生靠大家"，你上课迟到了又说"你以为教室是你家啊，想来就来，想走就走？"

好吧，其实这些对于身为不抽烟不酗酒热爱劳动又因为学习太渣老妈不让用手机的走读生的我而言，是不算太坑啦。坑的是，学校竟然规定走读生除了要上晚自修之外，还要"自愿"参加十点半才下课的晚辅导，这让家庭住址偏远，从小怕黑体弱多病的我顶着凛冽的寒风到家时已接近十二点了！让我拿什么时间写作业？拿什么时间看漫画？拿什么时间玩游戏？伟大的鲁迅先生说过：时间就像海绵里的水，只要愿意挤总还是有的。可是海绵里没有水让我怎么挤啊！

学校除了坑之外，还有各种奇葩的人物。校长旗下讲话时曾颁发过一条禁令：不准赤身裸体出现在校园公众场合。因为他老人家曾亲眼看见一裸着上半身的男同学踢着脸盆淡定飘过。而我呢，曾亲眼看见过一位同学在二楼食堂窗边用忧郁的眼神看向窗外的厕所，然后有一勺没一勺地吃饭。当时我就纳闷儿了：难道看着厕所吃饭比较有食欲？要不回家也让我家旺财试试？

说到食堂我又不得不提一下那让我吃得痛哭流涕的大米饭和一巴掌能把你拍得半死的食堂阿姨。由于一次偶然的意外事故，我没能来得及回家吃饭，于是颠儿颠儿地抄起朋友的碗去食堂就餐，然后就看见了令我终生难忘的一幕：一位身材魁梧（用这个词形容阿姨的身材真的好吗？）的阿姨端着一口足够我用来当浴缸的冒着热气的大锅从我面前走过。片刻，阿姨虎躯一震，大锅平平稳稳地安放在了石台上，然后阿姨就热情地开始招呼同学们打饭。把我看得一愣一愣的。于是这阿姨也被我贴上了"不能惹"的标签，惹了这阿姨人家一巴掌拍你个半身不遂你就开心了。在我打了一大碗饭后，阿姨皮笑肉不笑地问我："要什么菜？"我迷茫地看着面前几大锅冒着热气而且看不出来是什么菜的所谓"三星大厨做的佳肴"，直到阿姨瞪我瞪得眼珠子都快掉出来了，我才弱弱地说了句"不加菜"。于是我端着一大碗冒尖儿的米饭找了个靠墙的位置坐下，一把鼻涕一把泪地扒饭。

你见过不就任何菜就能咽完一大碗米饭的人吗？别迷恋哥，哥只是一个传说。

在这里，我不得不提一下那位想把自己小伙伴给花掉的门卫大爷。闲来无事，我总会溜达到门卫室听两位门卫大爷唠家常，看同学们来来往往。一次一门卫大爷买了两颗大葱回来，把大葱往桌上一摔，把自己往凳子上一摔，骂骂咧咧地念叨："什么世道？连大葱也涨价？""得了吧，你就别不知足了！这年头猪肉都涨价了！要不是这工作包食宿，就那一个月的可怜工资，让咱喝西北风啊？"另一位大爷磕了一下烟杆接过话茬儿，"唉，我要是钱就好了！"那位摔大葱的大爷又说，"那我一定先把你给花了！"旁边大爷又磕了一下烟杆打趣道。

那啥，大爷，你这么坑队友你家里人知道吗？

说了半天，竟然忘了每个学校都会诞生的传奇物种——学霸。刚转学没多久，就迎来了开学典礼。其实谁都知道这是给学霸们颁奖和发奖学金的一个过场。每个学期开学咱这种学渣都不得不"羡慕嫉妒恨"地看学霸们鼻孔朝天，衣袂飘飘地大踏步走上领奖台，等学霸们领了几张百元大钞时又只能默默地诅咒他们下台时不小心踩到鞋带来个鼻孔朝地满嘴啃泥，然后特跩地走到学霸面前站定："看你还跟小爷嘚瑟，遭报应了吧，哈哈哈……"只可惜这种天上有多大概率掉馅饼就有多大概率发生的事儿愣是从我上学前班开始就没遇到过。不过这次运气不差，虽然还是没看到学霸绊脚跌台。这次的学霸有点儿特殊，确切地说是有点儿倒霉，因为校长在给他颁奖时有点儿吃惊地问了句："你这老烟鬼竟然是第一名？"敢情是校长在开学的寝室卫生检查中，从这位倒霉的学霸枕头下搜出了三包香烟，估计他现在还惦记着那一去不复返的香烟吧……

还有一女学霸，我们班的，特彪悍。别的女汉子都是坚强的外表下隐藏着一颗脆弱的心，她却是楚楚可怜的外表下隐藏着一颗狂野剽悍的心。有同学曾问过我："你觉得薇淑女吗？"我上下打量了薇一遍，目光又回到了她那水汪汪的大眼睛上，忙不迭地点头："嗯，淑女！"在薇的欢呼声中我汗颜了，你见过哪个淑女笑的时候会露出大白牙？你见过哪个淑女会爆粗口？我说的淑女是表面上看上去确实挺淑女，要不这样说薇那卖着萌的水汪汪的大眼睛绝对会立刻涌现出无尽奔腾的杀意，小命要紧，还是明哲保身的好。

薇曾绘声绘色地给我说过一件以她为主角的舌儒大战的光辉事迹。大致情况是薇的寝室在二楼，在一个人人都吃饱了打盹儿睡觉的下午，一盆不明液体（我估摸着那是洗脚水）从三楼窗户空降，"哗"的一声后，住在一楼的小学妹凄厉的尖叫划破苍穹，接着对楼上薇所在的寝室进行了泼妇骂街式的口舌轰炸。别以为学霸都是"两耳不闻窗外事，专心只读教科书"的灵长类动物。薇不仅在学习上造诣颇深，连骂街也是常人可望而不可即。于是可怜的小学妹开口没多久，薇不甘地回以颜色。没几分钟，旁人就看出，两人根本就不是一个级别的。夸张点儿把那可怜的小学妹说成关卡小Boss，咱薇就是Super God。可怜的小学妹在薇的猛烈攻势下防御指数与战斗指数垂直狂降，直到被骂得泣不成声。

其实小学妹，学长想对你说，你已经做得很好了，学长光是看见薇就已经战意全无，要是敢还口，早淹死在漫天的标点符号里了……

哦，学妹等等，好友电话。

"喂？"

"快过来看戏，食堂打饭的阿姨踩着高跟鞋去抓人，结果'咯噔'一声，鞋跟儿断了，鞋飞了老远，阿姨摔得老惨了，哈哈哈……"

"有这么好笑？"

"是你没看到，小爷都笑出八块腹肌了，哈哈哈哈……"

"等等，哪个食堂，我马上到！"

那个，小学妹，不好意思，学长先去练腹肌了哈。

一杯热咖啡带来的安慰

衡 猫

1

十三岁那年，我咔嚓一声剪掉我的及腰长发，背着我自己买的非主流包包，挥手对爹妈说拜拜坚持不让人送，奔向中学的宿舍大门。我根本不懂什么叫离愁别绪，甚至对那些左边一个爸爸提行李右边一个妈妈抱席子的女孩儿们充满了不屑。我知道我可以。找宿舍，搬行李，搞卫生，处舍友，我都可以搞得定。

有什么搞不定。我怎么可能搞不定。我怎么可能让你知道我搞不定。

只是没想到，踏进宿舍的大门，一住就是六年。

出门在外，最憋屈的不是睡不着，而是如何火大也再不能摔门而出，隔壁有人在睡觉呢。

2

初一住进宿舍的第一晚有趣得很，十二个素未谋面的女生聚在一个老旧狭小的房间。刚开始谁都不说话，整理着自己的床。十一点宿舍灯灭，大家默默躺床上看着天花板，都以为只有自己一个人睡不着。（那时候还没有智能手机，谢天谢地。）黑暗中不知谁蹦出一句："我好害怕明天迟到啊！"

就是这么一句，仿佛潘多拉魔盒里解封害羞和怕生的咒语，开启了一个神奇的夜晚。明明性格天南地北，偏偏和谐如姐妹，我妈要知道我待在这么个氛围里，估计做梦都会笑醒。

那会儿，我是曾轶可的铁杆粉丝，我很高调，恨不得让全世界的人都知道我家轶可唱歌多么好听，舍友们虽然对我的审美不敢苟同，却也天天跟着我喊"轶可轶可，非你不可！"

周末回来，宿舍一个叫小强的姑娘塞给我两张纸，是曾轶可的《最天使》和《我还是个孩子》的歌词。朴素的白色纸张，黑色水性笔，一笔一画，工工整整，而我们认识不到一周说话不超过十句。

我真恨不得跳起来给这个瘦瘦的平时不怎么说话的习惯微驼着背的喜欢粉红色的姑娘一个大大的拥抱。

她看着激动得无以复加的我，咧开嘴笑着说："这有什么，顺手写着玩而已。"

她有一双纯真的大眼睛和一张略显伤感的厚嘴唇，当她笑起来的时候。只有这种笑容，才称得上明媚。

她是我在那个夏天遇到的最善良的人。

后来我们不在同一个宿舍了，我经常抱着枕头去她宿舍蹭床。一张一米宽的小铁床躺着两个一米六的姑娘和一叠高高的书未免太拥挤，可是我们乐此不疲，汗水粘着头发，哑着嗓音分享彼此细细密密的心事，偶尔还会招来其他舍友粗暴的一句"别吵了同学！"黑暗中我只看到小强波光流转的眼睛，她捂着嘴巴在对我笑。

最初的友情，比爱情还要缠绵悱恻。

后半学期，我直接搬去了小强的宿舍。

她宿舍有个学霸女孩儿对我很不爽，因为我半夜睡不着起来用台灯看书时，翻书的声音吵了她。也不知道她性格原本就如此龟毛还是针对我，反正她因为睡眠质量不及格导致的严重掉发倒是真的。

住宿舍嘛，总是什么奇葩都能遇到。

比如一周只用了十八块钱生活费的节俭女孩儿，她去饭堂打饭是这么跟师傅说的："我要一份冬瓜，再要一份冬瓜。"

比如在第一个晚上跟我们讲爱情故事的一号床女孩儿，后来我跟她的一个小学同学成为朋友，才知道那天晚上的动听故事不过是一个女孩儿花痴和虚荣的产物。每当看到她用手指拨弄着自己的刘海儿说着那谁又模仿她的穿衣风格真的好讨厌哦。平心而论，她是有那么一点点迷人。

再比如笑起来很腼腆的短发学霸，每个舍友生日我们都会帮她庆祝，吵吵闹闹到凌晨，短发学霸从来不参与。她就坐在自己的床上，写着自己的作业，我们唱歌聊天吃零食，她完全不为所动，继续写作业。可是分开的时候，她却是在我同学录里写得最长的人，密密麻麻一大篇。原来那句话是真的，内心执着的人嘴上通常一言不发。

也比如，看不惯一个有表达缺陷的男生被欺负，半夜跑去男生宿舍警告那些施暴男生的，我。

3

到了高中，我对宿舍已经有些厌倦了。

我从一个跟谁都能成为朋友的暖色系少女变成一个跟谁都无法好好相处的黑暗女巫。我每天戴着耳机，嚼着口香糖，听着重金属，永远是宿舍最后一个洗澡的人，洗澡的时候大声唱着歌。

我看不惯那些叽叽喳喳的女孩儿。

我听不惯广播站那些软绵绵的情歌。

我看不惯课本上那些呆板教条。

我看不惯应试教育和成功学。

我看不惯贴在墙上的那些条条框框。

我看不惯对一切都看不惯的我自己。

青春期的肾上腺素爆炸分泌，让我不是想杀人，就是想自杀。

某个晚上，我和同学去打桌球忘了时间，回来时宿舍已经关门。门口还站着一个长腿女孩儿，显然是个和我一样晚归的倒霉鬼。我们大声喊着"阿姨阿姨开开门，好人好人开开门"，始终没有回应。

午夜的校园空旷得很，我玩心大发，干脆爬上铁门栏杆唱起了歌，我唱着："对面的阿姨看过来／看过来／看过来／这里的女孩儿很可爱／请不要对她不理不睬……"在长腿女孩儿嘴张成"O"形的表情中，我们"睡着了的"宿舍阿姨终于怒发冲冠地冲出来，劈头盖脸地骂了我们一通。

"一个女孩子家家这么夜回来你还有脸了？还好意思唱歌，有没有家教？你在那边跟狗似的哇哇鬼叫以为我没听到呢，不想给你开而已！不开门给你怎么了，宿舍就是规定十一点半前要回来的，不然就别回了！深更半夜的你不睡人家要睡呢，哎哟还唱歌呢！高几的？打电话给你们级长，唱给级长听！"

她越骂越起劲，甚至切换到我们听不懂的家乡话，使用了一些不堪的词语，在听到"没家教"这三个字那一秒我突然冷静下来。

越来越冷。

我沉默地听着宿舍阿姨趾高气扬地要求我们打电话给级长，沉默地看着长腿女孩儿可怜兮兮地求情说软话，最后阿姨扔给我们一个记录本只要签个名就可以放人。

长腿女孩儿欢天喜地地把记录本推到我跟前，我说："我不签，你自己进去就行。"

女孩儿再一次把嘴张成"O"形，说："干吗呢你，签个名而已，干吗非要跟阿姨过不去？快签吧，我们一起进去，很晚了。"

"因为我讨厌她，她明明听到了却故意不给我们开门反过来这样骂我们。不开就不开呗，谁稀罕啊！我不想进去了。"

女孩儿进去之前回头看了我一眼，那种眼神我很熟悉，很多人都这样看过我，翻译过来就是"真是拿你没办法"。

我坐在宿舍门外的长椅上，书包里刚好有一副扑克，我自顾自地玩了起来。

谁稀罕啊。

不知过了多久，听到有人拍了拍宿舍的铁门。是长腿女孩儿，她换了套睡衣，手里拿着一张小毛毯和一个黑色的陶瓷杯。走近一看，杯子还冒着烟气，一杯热气腾腾的雀巢咖啡，这个峰回路转的情节温暖了我疲惫已久的内心。

再倔强，也要付出代价，比如一个孤单的冬夜，比如比寒风还要凛冽的生活。今夜拒绝你的只是一个宿舍的铁门，谁知道哪一天整个世界都叫你关上门。

不是没有过害怕，不是没有反省过自己，可辗转反侧一百零八次，最后得出的结论也不过尔尔：有什么好反省的。别听那些说你将会死得很惨的人的话，反正到最后谁都要死的，有什么比我快乐更紧要，有什么比我愿意更值得。

这坚不可摧的底气，也许来源于那个冬夜那杯冒着热气的咖啡。

4

高二，我搬出学校宿舍和朋友Y合租一个单间。

事实证明，这是个错误的决定——我们性格完全不搭。

她学文，我学理。她洁癖，我邋遢。她美肤，我熬夜。她看韩剧，我看美剧。她喜欢谈恋爱，我喜欢轧马路。她堆起高高的衣服，我堆起高高的杂志。唯一的共同点是，我们都想一个人住，之所以凑在一块，是我们不小心把钱花没了。

刚开始还好，新鲜感淘汰掉一切不和谐。两个人下自习后手拉手去吃夜宵的时光也的确很惬意。没钱的时候，她出去约会总不忘给我打包。也曾屈膝聊通宵，她总是有那么多感情问题，最后都变成就着可乐和薯片的谈资。

可是，我实在厌倦了这种顺理成章的转折。

她睡觉时忍受不了光线，即使是午睡也要把窗帘拉得紧紧的，这样我就没办法看书了。

每次吃完泡面，她命令我一个小时内把碗洗掉，我因为受不了她那种命令的语气和她吵了一架，实在想不明白两个小时后再洗有什么差别，又不是你洗。

她说你自己的床怎么乱都无所谓，但宿舍和厕所必须保持干净整洁。我每次洗完头，她都要求我把厕所里的头发捡起来。在房间吹完头，还要再捡一次。

我心里明白，她的这些都是非常好的习惯，我被约束一下也无可厚非。

但人若总是站在对的那一边，久而久之就无可避免地变得烦躁起来。

这么说显得我很小气——但我还是要说，有那么一二三四五六次，明明是她洗头掉在厕所里的头发，她却用那种毋庸置疑的语气赖给了我。我因为不想显得像她那么小气，主要是懒得说话，就默默地捡了。

到了第七次，默默说她累了。

拜托，是你的头发好不好？

"不可能！你快进来给我捡干净！否则我上不好厕所！"

"懒得理你，我要出去了。"

"喂，捡完头发再走！喂，给我回来……"

飞奔着甩开她那聒噪的噪音感觉不能更爽。偏偏，偏偏我忘了带钥匙，我站在楼下仰望着坐在三楼窗口的她。

"说清楚了，厕所里的头发是谁的？说不对我是不会扔钥匙给你的，你看着办吧。"

"明明就是你的啊，我洗完头就马上捡了好吗。"

"再给你一次机会，厕所里是谁的头发？"

"你的。"

"谁的？"

"你的。"

"谁的？"

"好吧，我的。"

我好累。

5

住了六年宿舍，习惯了戴着耳机听歌，学会了走路不发出声音，懂得了容忍和妥协不是解决问题的方法，发怒和争吵更不是。在为人处世方面，还是没多大长进，既然学不会圆滑，那就讲文明懂礼貌呗，这个总不会太复杂。

很不喜欢别人这样说，你现在还小才会这么想，等你长大一点儿了，你肯定就不会这么想了。

在心里翻了一百个白眼，就是太多这样倚老卖老的过来人吧唧个不停，这个世界才变得越来越无聊。

是。

以前的我是骄傲的，现在变了。

更骄傲了。

走开！别抢我室友！

翁翁不倒

作为一个从小学到高中家都距离学校不超过十分钟路程的人来说，住宿是种什么体验呢？不懂。然而今年有幸搬到新校区，我也成了一名光荣的住校生。然后，我认识了一群蠢蠢的小室友。

刚住进宿舍，我的内心几乎是崩溃的。一个宿舍十个人啊！上厕所排队！洗澡排队！总之各种排队。然后谨记着母上大人的教诲，同学之间要谦让，这样才能培养感情。诚然其他妹子也谨记着这个教诲，于是刚开始一段时间，宿舍里出现一群孔融，你推我让知书达理，虽然后来……并不是这样子。每次放学我们都要比谁跑得快，谁衣服收得快，谁的牙刷得快，谁的热水放得快，谁……

果然文静善良都是表象，不到一个星期，整个宿舍热火朝天，夜谈会聊到熄灯还意犹未尽，直到宿管阿姨凶巴巴地喊着安静才肯消停。至于白天，我们更是各种话题信手拈来，到目前为止，有午睡习惯并保持下来的人仅室长一人。

平日里，我们宿舍的人频繁出入隔壁或者隔壁的隔壁的姐妹宿舍，顺手牵只水果顺个羊角面包这都不是事！所以还去什么食堂啊？各个宿舍门上不得不张贴告示：狗与310室妹子不得入内！

再说我们宿舍，各种类型妹子任你扑倒！

铮铮是宿舍里看着最柔弱的，爆发力却是极强的一人。大扫除的时候，我们个个提着半桶水吭哧吭哧气喘吁吁，她面不改色，提着一桶满满的水一滴不漏，回头还问我们需要帮忙不？天啊，妹子你属牛吗？

小丁是个萌妹子，时不时冒出一两句自己都没察觉的撒娇，简直了得。每回被我欺负得无语，她会说："啊！小雨你混蛋！"语气萌得不要不要的，啥都不说了，我要把她娶回家当媳妇！

花花是第一个把我们引入尘世的导师，犹记一天早晨，她洗脸刷牙时发现对面男生宿舍门口有个赤着上身的男生，身材着实不错，遂把我们一个个摇醒了看帅哥，从那以后……我们都能准时起床了，不为别的，只为看胸肌！

我们宿舍大部分时间是充满笑声的，剩下的少部分时间……你以为都是争吵？不，我们在抄住宿守则呢！

这件事大概住过宿的同学都深有体会，无论你是带外卖进宿舍，玩手机在宿舍，还是宿舍卫生不过关，床铺整理不得当，别怕，温柔的宿管阿姨绝对不会体罚你，只会让你抄长到让人吐血的守则。情节较轻的来一遍，情节稍重的两三遍，至于特别严重的，哦，随随便便来个五六遍吧！上回我们宿舍离舍时没关风扇，不仅停电一周，还要抄两遍守则。整个中午一群人都仰着脖子趴在门板上抄守则，到最后，铮铮保持着某个姿势养伤去了，小丁海拔不足还想趴门板呢，等抄别人的吧，花花抄到一半不想抄了，上网想找人代抄，价格贼贵。她直言，我不上学了我要去卖守则！

那么久了我们宿舍还是过得很和谐，叫其他宿舍的妹子好生羡慕，搞得我们蠢蠢欲动。每次看面包和媛媛同时打好热水并抵达浴室门口，我们其余八个人一下子化身成腹黑少女："快！快打起来啊！扯她头发！抓她脸！泼她热水啊！你们倒是快啊！"可她俩总是相敬如宾，叫人多么伤心啊！

我也曾听朋友说起另一个宿舍，一个妹子即使大热天也无法忍受开风扇，同宿舍的其他妹子只好迁就她，但是该妹子不懂体谅别人，所以整个宿舍总笼罩着怪怪的气氛，大家都不开心。

感谢上帝爷爷把我分到一个好宿舍。如果一定要说出一条和谐秘籍，我想我们都像一锅汤圆那样黏黏糊糊，才能紧紧相依。

十七岁的笔记本

十七岁时少女心作祟，在我的日记里，我把自己喜欢的那个人，取了一个代号，F君。并为此窃喜，F君的姓真好，跟boyfriend的英文首字母缩写就只差一个B。还时常在自己偷偷陶醉于F君伏案疾书的帅气侧颜时，花痴般地幻想，假若有一天，我能堂而皇之地挽起F君的手广而告之，"看，他就是我的BF哦。"那一刻我该有多高兴啊。

十七岁的笔记本

巧笑倩兮

1

周末的地铁里，拥挤而嘈杂，列车紧急制动，我身边的一个穿着"××中学"校服的女生没有站稳，歪歪扭扭之中抓住了她身旁穿着同样校服的男生。

"小心一点儿呀，"男生轻轻地说，"让你抓扶手你不抓。"语气虽有责备，但听上去却还是有那么一丝温柔。"挨了训"的女生有些难为情，但还是把放在男生右手臂上的手乖乖地抓住了扶手。

她理了理有些凌乱的刘海儿扫了一眼男生，脸上写满了娇羞。男生则恋恋不舍地把手放在右手臂上，像是要捂住女生手心残留在他衣袖上的温度。

他们你一言我一语地说着。一边跟对方抱怨补习班的任务好繁重，又一边说马上就要月考了压力好大，紧接着又说到了自己想去哪里上大学，一会儿下了地铁要去培训机构外面哪家餐馆去吃饭——但却丝毫不说他们之间的小情感，仿佛要让外人看来，他们就像是偶然碰到一起的两个同校又碰巧在同一个补习班上课的、普通得不能再普通的同学。

我心头浅笑，殊不知当局者迷，这点儿"小心思"已被我这个旁观者悉数看尽。可就在看尽的这一刻，我的心里却被眼前这一道宝蓝色校服风景填得满满当当。

就像一直往前行走的时光突然裂开了一条缝，让我的记忆回到跟眼前的他们一样，十七八岁如青苹果般青涩懵懂的年纪。更让我想起在那段时光里，我也曾如此小心翼翼地喜欢过一个人，而自己又何其有幸地被那个人温柔相待过。

2

十七岁时少女心作祟，在我的日记里，我把自己喜欢的那个人，取了一个代号，F君。并为此窃喜，F君的姓真好，跟Boyfriend的英文首字母缩写就只差一个B。还时常在自己偷偷陶醉于F君伏案疾书的帅气侧脸时，花痴般地幻想，假若有一天，我能堂而皇之地挽起F君的手广而告之，"看，他就是我的BF哦。"那一刻我该有多高兴啊。

很长一段时间里，我以为自己对F君的喜欢他并不知道。直到高考之后，吃散伙饭的那个晚上，他把一本写有我名字的蓝色笔记本递给我，并跟我说了高中三年以来的第一句超过十个字的话："柚子，我的志愿也要填北京，我们北京见哦。"

我最喜欢吃柚子，好友就给我取了"柚子姑娘"的这个绰号，但从没有人像他一样如此亲昵地，把"姑娘"二字直接去掉后这样叫我。一声简单的"柚子"，却隐约让我觉出不一样来。

于是旁边的同学围着我俩起哄。同学说："柚子姑娘你知道吗，付凌云偷偷喜欢了你两年哦。"

没错，F君的名字叫凌云，大鹏展翅般的恢宏恣肆。让我摸不着头脑的是，F君也偷偷喜欢着我？哄闹中的我羞于去问他，却从眼角余光里捕捉到了右边少年热切而闪亮的眼神。

然而凭着女生的直觉，我好像知道了那本蓝色笔记里的"小秘密"。

今天，月考成绩下来了，柚子考得不大好，她好像哭鼻子了；

今天，"一二·九"歌咏比赛排练，柚子唱歌走调的样子好可爱；

今天，我把柚子抽屉里的一封情书扔了，虽然做法不君子，但不能影响柚子的学习嘛；

……

跟我那本满满都是他的少女日记比起来，他写给我的这本，更像是我的成长记录。中规中矩的一撇一捺，像极了平日学习中一丝不苟的F君学霸作风。但其间诙谐幽默的语气又让我觉得，或许这才应该是F君的真实性情。那是我至今为止收到最棒的，值得我珍藏一生的珍贵礼物。

3

只是后来，我们高考的成绩不够去北京的重点高校，但我们都没有再复读，而是一个去了中部，一个去了东北。F君说，没有必要再费时一年，去看看其他地方的风土人情，也蛮好的。

走的那天，F君来送我，我也把我的那本日记送给了他。他接过去，郑重其事地说："柚子，我等了你两年，也会再等你四年的。"

我不是一个喜欢别人对我许下承诺的人，因为我怕轻诺而寡信。然而在F君跟我承诺时，我还是忍不住眼泪滂沱。不管今后结局会如何，至少在那一刻，我信他。

也是他让我坚信，所有岁月的温柔，都会在时光的缝隙里，款款而来。

还好还好，梦还在

索 瞳

1

此时已是夜里十一点，在寝室里伴随着室友熟睡的打鼾声，被窝里用手电筒照着仔细看书的我，虽然眼睛酸疼，却依旧坚持——只为了那所谓的中考。

2

临近中考只剩八十天了，而前一刻听着老师的激励话语顿时沸腾，立志要好好努力创下高分而泪流满面的我，此刻又不自觉地在英语课上发起呆来，在空白的纸上写下大段大段不知所云的文字。

或许我是有点儿小偷懒。

3

离中考七十天。

看着身旁的人个个都奋斗着，一副不是你死就是我亡的悲壮表情，拼命做着练习，恨不得溺死在作业题海中。再看我——悠闲地小口小口抿着酸奶，哼着歌跷着二郎腿，时不时还从同桌那瞄两眼答案，然后慢条斯理地写上去。

连我自己都觉得我无可救药。

4

离中考六十天。

今天小二一脸失望地对我说："你总说你考不上，其实你根本没努力过。"然后头也不回地走掉。

我低着头，在阳光投射的阴影下，用脚踢着石子。

我们曾说好要考上同一所高中，然后傍晚捧着奶茶漫步在操场；我们曾说好在高中要谈一场恋爱，即使不是轰轰烈烈，至少也要刻骨铭心；我们曾说好将来考上复旦大学，然后攒到一定的钱带着最爱的人一起去环球旅行。

这些这些还未实现的梦，因为我一个人的放弃，被风吹散到各个角落。

小二，对不起。

5

离中考五十天。

其实我也不知道我究竟是怎么了。小二自那天后就再没对我说过一句话，我们都默契地选择不去找对方。可是有时不经意抬头间恰巧看见她的背影，就会忍不住淡淡地忧伤，难过得不能自已。三年友情，就这么散了吗？

6

在每次我去学校前妈妈都把一瓶热牛奶放在我的口袋里，叮嘱我努力但也不要累坏了自己。

哥哥把他的初中专题练习书借给我："妹，要中考了，别老瞎玩。"

朋友们在我空间里纷纷留言，无不是祝福我中考顺利。

大家都对我那么关心，可我，又在干什么？

索瞳，再不努力，连我都要看不起你。心底有个声音如是说。

7

我在晚自习下课的时候塞了一张小纸条给小二。

"我回来了，梦还在。"

8

尽管路途遥远，过程艰辛，但王子还是战胜了巫婆，救出公主，并且幸福地生活。

中考而已，我又怎会怕。

那么，一起面对！

我五体投地，这孤独是谁

杨欣妍

十一月末的雨丝包裹着如水的月华，泠泠月光被冲洗干净，路边的树也绿得发亮，连绵的雨幕灌满了草木的芬芳，风声似耳语，呼啦啦流淌过耳际。

这样的夜晚，我给你发去了一段话，半个钟头后，我们互道晚安。可是我想，对你，我又有了新的、更好的认识。

那段话源于娇娇，夜深人静，她在QQ上敲我："如果有一天我再也不主动找你，不联系你，不发说说，人间蒸发一样，你会想念我吗？"

那是她开玩笑问一个人的，没想到那个人沉默了，她有一丢丢难过，就想听听其他人的答案。

她的理由让我心动，我心血来潮复制粘贴，接连发给了几个自认为关系不错的人。

人真是这个世界上最渴望自我保护的生物，就像我找来的那些人，其实都是不会让我的期待落空的人。

除了你。

你是我发了这段话的唯一的男生。

时至今日我仍然不能清晰地描述我们的关系，我好像离你很远也很近，亲密且疏离，是朋友抑或是可以倾吐的对象，我对你的感情从喜欢回归到朋友又变为很重要但无心喜欢的存在。

对了，是很特别的存在。只有你一个人回答，"我能说我懒得想吗？"

那一刻，失落感蜂拥而至，我惊讶于一般人都能看出是认真的问题你却用了这样的口吻。好在你终究没让我失望，你十万火急地在那句后面跟了好多句。

你说："你要是敢消失我就到你家楼下堵你去，你还欠我一顿十块钱的烧饼夹里脊呢，你别想跑。"

我在屏幕这边对着你突然冒出的这几句话捂着嘴笑，故意不回你。几分钟后，你的消息前赴后继。

你有点儿着急了："你别不说话啊，没事的，我只要一份十块钱的烧饼夹里脊。再不说话要给我刷九十九加！"

我在这边笑得一抽一抽的，心想这种话也只有你能说得出来，就像只有我家窗外的夜晚，要透过那盆小小的绿萝才能落在我眼前。

我当你是开玩笑，结果屏幕上不断闪现的未读提示闪花了我的眼，你刷感叹号硬生生给我刷出了三百条未读消息，我翻得无语又开心。

我说等一会儿嘛，带点儿撒娇和欣慰，你说一点儿都不好玩，然后把你的输入法截图给我，是一句"再不出来我就生气了，真的"。

输入法的竖杠在那里，像生气的小士兵，将我心里曾经因为你不愿喜欢我而故意垒起的堡垒击垮。

你真的不高兴了，你说我突然发一句那种话就没人了很烦，晚上心情又不好，急死人了。

你警告我活着最重要，再怎么不开心也别想不开，哪天要是自杀，你就再也不理我了。

"你出来的时候最好给我一个合理的解释，别告诉我是闲着无聊玩我的。"你配着生气小脸的话却带着绵绵的暖意，一点点击退这个初冬的寒冷。

微甜的心事像蜜糖，我假装抱怨，只是一段你也看出来是复制粘贴的话而已，干吗上升到那么恐怖的高度啊，即便我真的不算是特别快乐的女生。

可是心里却真的想谢谢你，是你让我明白你比我心中的那个你更好。

回忆之于你我是走过的千山万水，忘记可惜，重来乏味。我喜欢过的人却从没有把我放在那种感情里，这种感觉有多孤独，我想你一辈子都不会明白。

就算是换成任何一个人给你发那段话你都会那么焦急，那我也欣慰，天暗下来，你就是光，放在我深深深深心坎里的人愿意这么在意别人的心情。

尔后我叽叽喳喳解释了一大通，你毫不犹豫地说我傻，对之前你的激动只字不提。

生活中这些小插曲从来不嫌多，它会让你知道自己多多少少在一些人心中也有那么一丝分量。

就像屏幕那头你开始叽叽歪歪抱怨都怪我，一口气刷三四百条你右手都麻了，连糖纸都撕不开了，我乐呵呵地笑话你，心里有星光坠落。

斯人若彩虹，遇上方知有。我们一起看过大片看过青春的小浪漫，我靠在你身上，情节激动时拽你的袖子；我们走过很多小店，服务员拿来菜单看到饭价太贵又偷偷拿起书包跑出餐厅；还有夜晚清凉的气息下，我们像个没长大的孩子拿着泡泡水一路上放飞漫天晶莹的泡沫……

我们听相似的歌学一样的专业，你给我推荐了好多民谣。可是有一首你没有，那天无意中看到歌词，心里突然涌起了犹如故人归的悲伤，那同样也是你给我的。

那是无论何时你都不会对我抱有一丁点儿的喜欢。

所以啊，与你度过的每一天，都是不可复制的绝版。但那首歌也一直绕在耳边，谁的孤独像一把刀，杀了黄河的水。你五体投地，这孤独是谁？

包子小姐

佚 名

我第一次看见她的时候，忽然间有一种说不清的，简直就像是夏天开一瓶冰镇可乐，气泡不受控制哗啦啦盖住了整个瓶子还在不断地涌的感觉。我深刻地认识到，我可能会喜欢上她。在当天我回忆起这一幕的时候，我就给她起了这个名字，还为这个对她的独一无二的称谓偷偷高兴了好久。

然后连续很长很长一段时间的早上我都在吃包子。

从纯肉到青菜，再到豆腐芝麻馅儿。

真是个英雄。

后来我终于打听到包子小姐的真名以及所在班级，同级生，同栋楼，班级坐标比我的所在地高了一层，之后我经常用去楼上卫生间上厕所打掩护，这样就可以若无其事地偷偷看她一眼而不被她发现了。

不过其实我心里又有点儿希望她能发现，每天从窗边或跑或走过去的那个男孩子，似乎每次都会看她一眼呢。

可惜她没有，自始至终都没有。

我不知道年少的爱情是否能长久没有尽头，但这场悄无声息的爱恋确实给我自己一种"潮长长长长长长长长消"的感觉，可能会因为听到她的一些话看到她的一些动作觉得灰心丧气，但是更多的时候，只是课间匆匆看她一眼，就会觉得心中欢喜，似乎夏天嘶鸣的蝉声也是一首生命喜悦的颂歌。

那天我准备去找包子小姐，我提前在放学的路上等着她。

只是我看见她和另外一个男生，他们两个一人一杯奶茶，走得很慢，像是悠然翩跹的蝴蝶，说说笑笑的模样逆着夕阳暖红的光芒，我不得不承认，那场景真的很美，像一幅精致动人的画，又像是晶莹剔透的水晶，赏心悦目，涤荡人心。

就好像他们本该在一起一样。

我跑进小巷，甩手给家里一个电话："妈，我今天在同学家住下了。马上要考试了，我和他一起复习。"就兀自切断了那头喋喋不休的嘱咐和哐当不息的炒菜声。

后来我想起来的时候，只觉得那天晚上月亮真亮，风真冷。

我在她家楼下站了一晚上，仰头看着窗帘上隐约映出的人影，端正笔直直到起身熄灯睡下。其间我实在是饥寒交迫，跑到附近买了块面包，斜眼看着楼上一口一口啃得深沉优雅而饱含爱意。

当然这只是我个人的感觉，我相信如果有目击证人，比如说无聊的刘先生，一定会觉得这是个傻不拉唧还崴了脖子的病人或者是疯子。

一定也是一幅很美的画面。

我就站在那儿站了一整晚，到天刚刚亮的时候，我脑中就只有一个想法了：幸好今天是周末，呵呵呵呵。

而我手中一直握着的那个盒子，被汗打湿又被风吹干，到最后我都没有送给包子小姐。

那天是她生日。

我暗地里打听来的。

没有故事的后来有两种情况，一是没有可能，二是没有可能。

我属于两者兼有的那种。

我知道他们俩在一起了。平心而论，这两个人真的是很般配的，一样的面容超出平均值一大截，一样的聪慧超出平均值一大截，在一起真是天经地义。连我都想要祝福他们一声，当然出于本心，我做不到。

我也知道我家要搬去离这里很远的地方。大概是再没有机会碰见包子小姐了。当然就算是碰见了她，我想她也会长发及肩，面带微笑，声音温柔地说一句："你好，请问你是哪位？"

所以，我们，不，我就再也不要看见你了吧。

谢谢你，让我觉得这个小县城也温柔了不少。

谢谢你，让我觉得这段时光都带着包子的味道。

我要怎么说我爱你

益 行

"这世上，有人活着，有人死去，有人嬉笑怒骂，有人痛不欲生。激流勇进叫青春，细水长流才叫生活。"

你好，我是程晓寒，或许算是个文艺女青年吧。烈日灼人的下午，我在本子上写下这段话。没什么，就是突然有感而发了。

一、这不是我想要的生活

我背着包面无表情地走出教室，往家的方向走去。我应该是开心的，因为作为高二生的我还有不到两个月就要升级为高三生了，学校特别好地给我们放了个五一慰问假；我应该是不开心的，上周的联考没考好，回家又不知是怎样的一顿竹笋炒肉外加唾沫调料的美味在等我。这明明是法定假，可听起来就像是学校赐予的天大的恩惠一般。

"我们在外有事，你等等，我们很快就回。"

家里没人应我的敲门，我以为父母去了对面的麻将馆。下楼去那一看，麻将馆坐满了人却唯独不见爸爸妈妈的脸。麻将馆阿姨帮我打了个电话，我得到了这样的回复。

好吧，那我就等吧。我坐在家门前，旁边放着我自己拆下的学校的被单床单，书包被随意地放在腿上。我拿出一个本子，开始写些小文字。上楼下楼的人很多，每一次的脚步声都会引起我的注意，可随着脚步声越来越近，出现的脸都不是我所期待的。

"你怎么坐在这儿？你爸妈呢？"一些下楼买菜的阿姨问。

"他们出去有事了，应该很快就会回。"我答道。

等到买菜的阿姨回来了，我还坐在门口。

"怎么还没回啊？"

我尴尬地笑笑。我也不知道。

不知道回答了多少次这个问题，不知道在本子上写了几千个字，楼下传来爸爸的声音。对于他的晚归，我没问更多。他却开口问："之前你不都带了钥匙的吗？怎么这次忘了？"你既然都知道我是忘带了，那问什么为什么。忘了就忘了，需要理由吗。我以沉默回答他。

"我们去医院了。"我没问他去干吗了，他这样说，是在向我解释吧。

"……"

"医生说你妈要住院。"

"为什么要住院？"听到这句话，我心不由得一颤。在那不到一秒的时间里，我想了一百种妈妈可能得的病，想了一千种爸爸可能的回答方式，可是……

069

爸爸吞吞吐吐地说："你妈她怀孕了。"

二、与全世界为敌

早在一年前，爸爸不顾才升入高一的我是有多不适应，只要我一有假期就一天三次向我征求生二胎的意见，同时鼓动我妈生二胎。爷爷奶奶隔空传话说："生，当然要生，生了我来帮你们带。"却也不看看自己是连筷子都拿不动的老人家了。在我的不同意与妈妈高龄的情形下，这件事便不了了之了。

从爸爸的话中，我知道了妈妈原来是要做掉那个孩子才住院的，我也听出了他是有多不开心。我知道我无法推卸拒绝二胎的责任，但我也认为自己这样做并没有错，哪怕我似乎在与全世界为敌。

回家的第一餐随便吃了一口，不知怎么没胃口。爸爸要我帮忙收拾妈妈住院的东西，我不乐意。或许我就是有点儿任性，不开心，要我做什么都是会拒绝的。

爸爸一人收拾了所有东西。前脚关了门去医院，我后脚就关了电视去房间。三天的假，作业量是翻倍的多。我以为自己可以静下心，无奈思绪乱成一锅粥，惹得我心烦。一个下午，只迷迷糊糊地做了几个选择题。

吃过晚饭，我和爸爸坐在同一张沙发上，中间却好似隔了整个银河，尴尬的气氛蔓延着。爸爸挑起话题说："你妈给你打电话了吗？"

"没。"

"啊？她不是说要打个电话的吗。"

"……"

本来没什么，爸爸这样一说，敏感的神经又被挑动了。或许她忘了吧。

夜幕总是悄悄地降临，像命运安排的所有事情都不会像电影一样事先告诉你上映的档期。窗外星星一两点，都看得不够清晰。城市不像乡下，没有那么纯净，绚烂的墨蓝色夜空。透过夜空，你可以看到整个银河。

三、如何表达我爱你

第二天早上在外吃完早餐。回家后看到了妈妈的脸。她没有变，只是穿着像病号服的睡衣，开门来迎我。这是爸爸没有做过的事。

"你怎么回来了？"

"我回来吃顿饭。"

我抑制自己的欣喜，问的语气没有任何开心。其实我内心的激动是语言无法描述的。妈妈回我的话似乎没有走心。

之后，我吃了放假以来的第一餐团圆饭。医院的医生很敬业，妈妈回来不到三小时，便打电话过来催她回病房了。妈妈是明天才吃小产的药，不知道为什么一定要留她在医院待着。妈妈急着要走了，她跟我道别时，我一言不发。

我什么都没说。

希望她全都懂。

因为我懂了，她不顾医生的劝阻，一定要回来看看我。

木心说："从前的日色变得慢，车，马，邮件都慢，一生只够爱一个人。"从前的我天真烂漫，而现在的我会想很多很多。一个小物件，一个汉字，可以引发我无数的思虑。从前的父母和睦恩爱，现在的父母吵架不断。一个小的意见分歧竟会引发一场骂战。

爸，如果你想要孩子你就让妈妈生吧。我不拒绝了。

时间的流逝见证了我的成长与他们的流年。时光，你何必急着拉我长大，催他们变老。你可知年华易逝，永不再来。请你慢一点儿，再慢一点儿。我想用一生的时间去理解他们，用一辈子去表达我爱你。

四、雨后会有彩虹

雨后的空气里卷夹着泥土潮湿的气息。妈妈在我放假的最后一天回了家。我终究没有把我对二胎的改观告诉爸爸，或许是我太懦弱了。妈妈吃了药回来后，我才知道原来那个孩子早已在她腹中死去。妈妈在朋友圈给我留言说："宝贝女儿，妈不知道这件事会对你影响这么大，妈压根就没想过再生，你一定要好好调节，别影响心情。"

命运又一次擅自做了决定，让所有人都猝不及防。这三天的假期，我好像经历了一生，很漫长的一生。

应学校的要求，我去剪掉了自己好不容易留长了一点儿的头发。

"还是像原来一样剪一点点就够了吧？"

"不了，剪成短发吧。"

我已决心告别过去，从剪头发开始，和未来的自己说一声Hello。

你相信吗？倾盆大雨过后，一定会有彩虹。

你

羽 沐

　　我一直都想写点儿什么，关于我和你，关于我们认识的这七年的记忆。可每次提笔以后，我又只能无奈搁置，因为思绪总是乱作一团难以分离。

　　而你说若是觉得困难就再等等，等一个更为合适的契机。你总是这样，会用各种小借口安慰我，让我对你总是变得心安理得。

　　我似乎很少关注你的想法，而你又总是对我顺从，像是我的男闺密。关于你的一切都像是酒心巧克力一样温婉绵长，回忆起来都有醉人的香。

　　我依然记得我们刚认识的时候每天放学一起结伴回家，你推着车，而我也总是耍赖把自己的书包放上去，然后蹦蹦跳跳地踩着自己的影子前行。傍晚五六点钟的阳光映在我们的身上，平添了一缕橙黄色温婉的光。

　　那时的你我都只是十三四岁的年纪，明明幼稚得要死，却总是喜欢在这样安逸的时光中讨论理想和未来，觉得这样的我们，才符合一个初中生形象，而不是只会哭鼻子的小鬼头。

　　而装得少年老成这种事，你从来都做得比我更好，就像当初在初中毕业的同学录上，所有人的笔记都是一片伤感的勿忘我，只有你在那一页上洒脱地说，忘了我吧，人要向前看，也为你有限的脑容量里省点儿空间。

多年以后，我忘了很多人，却唯独记住了你。

其实刚上初中的那个时候我就挺喜欢你的，无关风月，只是单纯地喜欢。在那之后的七年里，你一直都陪伴在我的身侧，陪我走过这刀削斧刻的时光，哪怕是去年我最绝望无助的时候，你都一直在我身旁。自从去年决定复读以来，我开始越发地自闭不爱说话，除了你，我和几乎所有的老友都断了联系，如果不是你每个星期都打电话给我的话，我想我应该也会把你排除在我的世界之外。不过很庆幸，你还在我身边。

你每个星期的电话成了我最期待的小事。我们一聊就是几十分钟，那几十分钟里，是我最放松、最舒心的时刻，漫无目的地神侃，说着自己都不知所云的废话，而你只负责传达给我你最爽朗的笑声，以及最轻柔的安慰。

有多久了，我对你这样毫无戒心地依赖着，像是抓住最后的一根稻草一样紧紧抓着你不敢放开。复读的生活太过苦涩，若没有你，我想我早就处在了崩溃的状态。

其实我一直都知道，同为复读生的你也顶着巨大的压力，偶尔和你通话的时候你的声音低沉而又夹杂着沙哑，却总是会在我问起时轻柔地说没事。当初你在复读与否的问题上纠结时，我曾劝你复读，说实话，我不是没有私心，想着是不是能让你留下来，陪我走完这最艰难的一段岁月。

所以当我知道你过得很辛苦的时候，我都会很难过。这些话我从未与你提起，每次我们见面都是天南海北地胡侃，忘记烦恼忧虑，把一切都抛诸脑后。我是怯懦的，不想看到你因为提及这些辛苦而黯淡无光的眼眸。

不过幸好，这一年我们终究熬了过去，迎接最美的阳光，长成更好的模样。你更加成熟稳健，而我则因你而变得内心柔软。不知不觉间，我们都出落成了不卑不亢的快乐少年。

前阵子老妈见过你后还与我开玩笑说要让我和你交往，说你踏实端庄。说实话，我真的有想过。

　　或许十年之后，你会有你的妻，而我也实现了自己追求的梦想，到那时我们若能再凑在一起，也要像今天一样，聊我们曾共同走过的路。而无论过去多久，你永远会像今天一样，眼眸中满怀希望，胸腔中永远跳动着一颗充满希望的赤子之心。

树洞少年，祝你安好

重 归

你是在六年级第一学期离开的。你去了F市，我还待在C市。你去之前跟我笑嘻嘻地说不用写寒假作业了。我觉得没什么啊，就是少了一个拌嘴的小混蛋而已。我说，你走啦走啦。你的小脸红扑扑的，支支吾吾地说："我，我，我，呆瓜，我喜欢你！"我说："哦，这样啊。"然后你给我留了个手机号，离开了好多年。我把你给我的记着手机号码的白纸条小心翼翼地装进红包袋里，再把红包袋装进枕头套里，再把枕巾盖在枕头上，每晚都枕着它入眠。

你真的走了之后，我再想想那句话，肚子里像装着一筐活蹦乱跳的鳗鱼，哗啦哗啦的冷水都要沸腾啦。

后来和你几乎是断了联系，在不同的城市里各自努力着，只是偶尔会想起那个偷亲我，说过喜欢我的小男孩儿。曾经抱着试一试的心态在校园网搜索了你的名字，原来你被F市的重点初中录取，在某个中英班，得了全国性的奖项，校网表彰了你。我不知道那是什么心情，像变成了天上半明半暗的云，像听见Tamas Wells的声音，难以言表的复杂。你很优秀，当了五年半的班长，纵然去了远方，也能波澜不惊地保持优秀当人中龙凤。

我想，怎么可以看着别人比我优秀而无动于衷！所以我认真学习，卖力考试，从四百多名爬到一百二十名，虽然没有什么大的成绩，但高中免学费也算是不小的收获吧。心里总有个念头，我与你不会相差太多。中考前两个星期我给你寄了明信片，上面写着：折花逢驿使，寄与陇头人。江南无所有，聊赠一枝春。你想要的都会有的。加油！没有寄信人的名址，希望你收到又希望你不会看到寄信人。

好像夜里枕着红包袋你就还是没长大的小男孩儿，好像有了一件信物我就能回到无忧无虑的小时候。

初中宿舍里，住有八个性格迥异八竿子都打不到一起的人，明明没有相似的地方，却能一起欢闹。好多人说，真羡慕你们！你们真的很和谐，每天都在闹，不像其他宿舍拉帮结派的！宿管也说，你们是我见过最嗨的宿舍了，太欢乐了！特别是宿舍长，你笑成那样我真怕你喘不过气来！

我们聊到第一个喜欢的人，睡在我对面铺位的书记，她说心里永远供奉着男神；七号铺的姑娘三千青丝长发飘飘是个古典美人，人称女神。女神说她错过了他，他在QQ邮箱扔了个漂流瓶，她没看到，后来看见了，他已经有女朋友了！我什么都没说，只是想起了你，虽然不联系，但也不会太糟。

有一天烟暖云疏，山是静的，蝉的歌声是静的，鸟的飞翔是静的，你静静地跟在我身后，生怕被我发现，蹑手蹑脚，笨拙地躲在电线杆后，躲在人群里。我一回头，你就倒着走，你不知道你多么好认，就算大街上车水马龙，我一眼就能看见你，就算看不见你的脸，也能看见你大大的书包，是你最爱的江户川柯南。我装作不知道一路走回家，嘴角有藏不住的笑。想知道我家在哪儿却不敢问我的人，走之前是鼓了多大的勇气才说出那句话。

好像在这个年纪里，每个人都会有多愁善感的一面，偶尔会自卑，偶尔会怀念。我经常在小本子里絮絮叨叨一些自己看不懂的文字，像是写信，每一封的开头，都是：我亲爱的树洞少年。很感谢你，给我那些可爱的小情绪，给我一个得以宣泄的树洞。似乎我有了踏遍山河的决心和闯荡江湖的勇气，都是因为看见年幼的你。

你给了我惊喜，也给了我信心。我的树洞少年，感谢有你。

青 春 日 记

周 悦

2015年10月12日 周一 晴

张老师今天说，坚持写日记可以提高写作的水平。于是放学时我就去学校对面的店铺买了这个本子。它的封皮很简单，是干净的墨绿色，摸上去有一种粗糙却很温暖的感觉，让我想起来奶奶给我做的那条棉布裙子。

那条裙子我只穿了一年。刚刚我偷偷试了一下，竟然变得那么小了。或许我该说，是我变高了。哎，真是可惜。

今天是不寻常的一天。我设了闹钟，今天早晨6：15就起床了。7：00的时候，我到了校门口。我去得那么早，是对昨天晚上没怎么学习的弥补，或许……还有能够碰到苏澈的侥幸心理。

我昏昏沉沉地走进校门，眯着眼看早上的天空，雾霾消散了，我还记得天空那种恬静的深蓝色，淡淡的云朵像洇湿了画布的牛奶，轮廓清晰。秋风乍起，金黄色的秋叶翩翩起舞，发出窸窸窣窣的声响。那声音里，夹杂着沉稳的脚步声。你猜我看见了谁？真的是苏澈。他与我……大概五步之遥。我心里顿时像炸开的鞭炮，不自觉地捋了捋被风吹起的碎发。我不希望他看到我，就压着步子，压得很轻很轻，就像小猫。他的背影真好看啊，颀长又挺拔。我们保持着那样的距离，进了教学楼。三层楼的楼梯似乎永远也走不完，我把头埋得很低，敏感地听着他的脚步声，心如乱麻。

他看到我了吗？我把书包放好，兀自趴在桌上，把头埋进两只手臂里，遮掩自己的笑靥。

早上最后一节课，下课铃一响起，其他女生成双成对的，一边讨论着中午吃什么，一边急匆匆地走出去。教室的那头，陈雨宁也是一个人。但是，我和她不太熟悉。踌躇了一会儿，我还是自己下楼吃饭了。那种淡淡的落寞，和秋天的薄凉很相称。

吃完饭，我捧着一杯奶茶走回去。奶茶热气氤氲，模糊了我的眼镜。倒霉的是，我碰到了主任。我立刻想起来，今天晨会时主任在大喇叭里特意强调，见到老师要问好。于是我慌慌张张地举起右手，敬了个队礼，声若蚊蝇："老师好。"

主任点点头，忽然说："你怎么没戴红领巾？"我如梦初醒，自己已经是少先队员了！真是尴尬。我匆匆解释了一句，便红着脸落荒而逃。

日记本，我会把你放在最底层的抽屉的最下面。老天保佑，阿门……但愿妈妈不要看见。

2015年10月13日 周二 晴

刚才我和妈妈吵架了。你知道吗？妈妈偷偷翻我的QQ了！我在为自己刚才的怒不可遏而后悔，又有些迷茫。我觉得我和他们越来越陌生了，我们之间有一条无法逾越的鸿沟。

还是说点儿别的吧。要知道，没有雾霾，就会有八百米测试。我努力说服自己不要怕它，忘记那次跑完就吐的经历，但是看到那么长的塑胶跑道，紧张感依然蔓延全身，四十多个女生挤在起跑线上，都做好了准备姿势，我的后背直渗冷汗。老师提高声音："预备——跑！"我怔愣了一下，就迈开大步向前奔去。

我害怕落在后面的感觉，于是拼命地跑，凛冽的风划过我的脸颊，我超过了很多人。但是在跑完一圈的时候，腿像灌了铅一样重，我呼吸急促，感觉身体里所有水分都被干冷的风吹走了。我就那么看着，左右的同学一个个超了过去。最后那一百米，我看着终点眼前发黑，我只能听见自己深深的、深深的、纷乱的呼吸。真漫长啊。我闯到终点线，跌跌撞撞地走到跑道边，和大家一样，倒在地上。

躺在那里，我就想：这一路也不过是四五分钟的事儿。跑完了，我们也没有怎么样嘛！夏子秋，你怕什么？考试又何尝不是如此？就把那些超过你的人当作掠过的大雁吧，专心地振翅，就能御风而飞。

坐在旁边的李欣把我扶起来了。她喘着粗气，揉着我的头发。我们拥抱，作为彼此的支撑。我们都静默着，我能感受到她急促的心跳。友谊大抵就是这样吧。

2015年10月14日 周三 阴

嗯，今天发数学成绩了。是一次挺重要的考试。

我端坐在椅子上，虔诚地祈祷的时候，一个同学把我的卷子递给我，又把一大堆其他人的卷子扔给我，然后溜之大吉。我抓起自己的卷子，用手假装随意地盖住分数，大概扫了一眼。第六题的选择题，是审题的失误啊。我无奈地拾起那些卷子，穿梭在课桌间分发。

陈辰，南心依，苏澈……苏澈！我顿时下意识地停下了脚步。我捏着那张卷子的一角，怔怔地看着那飘逸的字迹，悄悄看了一眼苏澈，像蜻蜓点水一般，我的心在悸动。他的成绩真好啊。无意之间，我看见第六题，他的选择和我相同，却没有那一个红叉。

我径直走过去，掩盖着纷乱的思绪，把卷子放在他桌上，又大步流星地走回来。

我撑着下颌，漫不经心地转笔，目光飘忽落在苏澈那边。我注意到他细微的动作。他左顾右盼着，紧紧地用左手臂拢住卷子，拿起一支笔，飞快地修改了一个选项。

那是第六题吗？

但愿不是。

但在那一刻，那种感觉就像看着一朵旖旎的玫瑰霎时间枯萎，就像……吃了一颗很凉的薄荷糖。我的心弦不再轻易地为他颤动。

2015年10月15日 周四 晴

今天我做了一件疯狂的事。

老师在马不停蹄地讲课，发作业。从放学到回家的那段路程倒成了苦中作乐。熏风沾染了馥郁的香气，鼻翼耸动，满是那门外小摊里美食的味道。我嗅着那种缱绻的、美好的气息，感觉很幸福——除了有点儿饿之外。

前面不远处，我看见一个女孩子。我知道，那是林恬。她以舞蹈艺术生的身份进到我们学校，有我们暗暗羡慕的姣好容颜和柔美身段。她突然停驻，扬起那纤细的手，轻轻解下头绳。如墨的风鬟雾鬓蓦然散了下来，夕阳也在温柔地摩挲她的长发，风儿宁静地吹拂她的碎发。她的长发漾着金色的光辉，美得炫目。我还看见她卷起了校服裤腿，露出白皙的脚踝，轮廓柔美。

那一幕，激发了我心底躁动不安的因子。

于是我跨上自行车，骑得很快。确保离开了同学的视线时，我蹬了一下地，停在一个巷口。

我学着林恬，散开马尾辫。但我没有卷起裤腿，因为那样骑车有点儿冷。

再次骑上自行车，我感受到了，我的长发也在自由自在地随风飘舞。我的头发也厌倦了千篇一律的马尾辫吧。

我忽略了对我侧目的路人，唇际勾起微笑的弧度。就那样，在那条长满顶着金黄树叶的大树的小径里，呼啸而过。

含羞草会开花吗

高三终于过去了。

　　女生们抱头痛哭，彼此安慰，男生们仍是勾肩搭背地约打《王者荣耀》。青春本就是一场盛大的告别。谁也无法计算，他们走的直线会否相交，抑或风马牛不相及。

　　但苏澈，林鹿还是会毫无预兆地想起你。

含羞草会开花吗

周　悦

1

高三终于过去了。

女生们抱头痛哭，彼此安慰，男生们仍是勾肩搭背地约打王者荣耀。青春本就是一场盛大的告别。谁也无法计算，他们走的直线是否相交，抑或风马牛不相及。

但苏澈，林鹿还是会毫无预兆地想起你。

她爬上教学楼的天台，暖色的阳光刚好照过来，像是橘子溢出的汁水，酸而涩。午后的熏风缭乱她的短发肆意飞舞。相比之下，苏澈揉她头发的时候真是温柔多了。

林鹿的眼角好像有一点儿濡湿，但一瞬间就被风吹干了。她抽出书包里的茉莉清茶，和空气干了一下杯，然后咕嘟咕嘟地灌，林鹿竟然尝出了苦涩的味道。

陈粒的歌声打断了林鹿的思绪。她掏出手机，屏幕上闪动着几个字："苏澈A市。"

2

还记得，当年林鹿和苏澈的相遇杀了林鹿一个措手不及。

高二开学第一天，放学时林鹿照常到门口等家长。好久以后，母上没来，却来了个男孩儿。

"哎你是林鹿吧？我爸和你妈联系过了。我叫苏澈，是高一新生，但比你大一岁。我跟你住一个小区，以后咱们一起坐地铁上下学，省得父母接送了。"

林鹿有一种被拐卖的感觉。但她不想逃，毕竟人贩子长得有点儿帅。心里满是疑问，但她一脸娇羞地满口答应："好好好。"

从那天开始，他们都一起坐地铁，全程无交流。苏澈一上地铁，就会塞上耳机，神情清冷。林鹿尝试过瞄一眼他听什么歌，好找点儿话题，但从来没成功过。

林鹿陷入了一种奇怪的状态——时不时就想起那个叫苏澈的男孩儿，一想起他，林鹿的小世界就绽放烟花。

083

3

林鹿曾想过，他跟苏澈再也不会说一句话了。当然，林鹿很不喜欢这样。

但生活中的惊喜总是不期而遇。

那天下小雨了，苏澈没按时到校门口。林鹿在校园里找他，恰巧看到他在和一个男生打篮球。墨绿色的草叶被温暖的雨水融化，潮湿的雨幕里，一道迅捷的白光闪过，几个令人眼花缭乱的动作后，他跃起，扣篮，动作行云流水。

林鹿的手覆上心口，她的心在炙热而急促地跳着。林鹿捂住脸，告诉自己这不是什么心动……只是要过去叫他，莫名其妙地有点儿紧张。

她站在篮球场外，轻声呼唤："喂！"

苏澈回头，向林鹿招了招手。他又恋恋不舍地投了一个三分球才跑过来。

"对不起啊，我打篮球没注意时间。"话音未落，他打了个喷嚏。

"这样会感冒的。"林鹿声若蚊蝇。她费力地举起小粉伞，试图把苏澈揽在伞里面。苏澈瞪大眼睛看着小粉伞，哭笑不得。

"看你那费劲的，我来。"苏澈先迅速地掏出耳机戴上，然后接过小粉伞，格外别扭地举起来。

雨丝温柔地下落凡间，织成一层薄薄的茧。空间狭小得暧昧，还有一层粉色的光晕。这是他们之间最近的距离。林鹿能嗅到，大地沐浴后的深呼吸是棕色的，而少年的气息是淡绿色的，像某种青涩的植物。她忽然想起顾城的诗："草在结它的种子，风在摇它的叶子，我们站着，不说话，就十分美好。"

林鹿抬头看了看伞，忽然发现伞是严重倾斜向自己这边的，而苏澈的衣角已经滴水了。

苏澈仍然沉浸在音乐里。他一边听歌，一边随节奏轻轻晃脑袋。林鹿在搜索那种节奏，好像很熟悉，但就是想不起来是哪首歌。

"我看过沙漠下暴雨……"

"陈粒！"林鹿尖叫了一声，苏澈被吓得站定在原地。

林鹿清了清嗓子，尴尬地偏过头去，"对不起哈，我听到偶像的歌有点儿激动。"

"我理解。我也是陈粒忠粉。"他默契地笑了一下。

"喂，你记不记得小时候你给我的沙漠制造暴雨的事了？"

"啥？""就是小时候你特别淘气，我在小区的沙坑里堆沙堡，你就趁我不注意，拿一盆水往上浇！"

苏澈挠了挠头，笑时露出一口皓齿："你也太记仇了。"

苏澈和林鹿或许是由于沉默了太久，那个雨天里，他们聊得很痛快。关于音乐，关于童年，关于苏澈的梦想。林鹿一直觉得，找到聊得来的人很不容易。

苏澈说，他以后会去美国上高中，为了他的理想——哈佛大学。

"我也时常感到迷茫。可是正因为梦很远，所以才需要我们去追。"

林鹿看见，那个少年的眸子里有星火倏地点燃、闪烁，是那样的单纯而炽热。他并不是偶像剧里的帅哥啊，为什么此刻那么好看呢？林鹿的心"咯噔"了一下，以前的症结好像都有了病因——她喜欢那个少年。是喜欢，是林鹿的心灵十七年来没有触碰过的一隅。那里生长着一株纤瘦的含羞草，风轻轻拂过，它便收敛叶子，藏起笑靥。

地铁到站了。从地下绕了一圈，一切都已被洗尽铅华。涌进来的风清冽得像梅子酒，酒不醉人人自醉。苏澈和林鹿不约而同地站定，相视一笑：

"雨停了。"

085

4

林鹿喜欢逗笑笑点低于死海的苏澈，然后傻傻地看苏澈的笑容，不像其他男生那样猥琐，而是孩子一样的纯真的笑容。

他是温暖的人。他会教林鹿打篮球，他会陪林鹿跑八百米，他会在地铁上跟林鹿吃同一包薯片……和苏澈待在一起，是林鹿生活的短暂快乐。

林鹿曾想，苏澈或许就是一个对谁都好的人。那些细微的关心，只是他天性使然，却如雪中送炭般一次又一次温暖了孤单的自己，以至于含羞草的根须越扎越深，但渺小如她，她从来不奢望含羞草会开花。

那是林鹿刻骨铭心的万圣节。

大家都带了糖果，除了林鹿。林鹿没收糖也没送糖。她后悔了，这样显得自己好不合群。

最后一节课是数学，拖堂了好久。终于熬到了放学那一刻，林鹿激动地把书往书包里塞。

呼，收好了。林鹿背起书包，刚要冲出教室，门口突然传来低沉而有力的一声："林鹿，万圣节快乐！"苏澈正手插着口袋半倚在门上，还套了一件黑色的幽灵斗篷。他拉低了帽檐儿，别人只能看到他"邪魅"勾起的嘴角。

喧闹的同学们顿时静了下来，齐刷刷地看向林鹿。她愣住了，继而立刻触电似的垂下头去，捋了捋头发想要遮住烧红的脸。她的心中盈着粉色云朵一般的棉花糖，一不留神就会飘出来。她微微扬起下颌，快步走过去，在一些女生复杂的目光里，尽量假装自然，就像……校花被表白的男生叫出去那样的姿态。林鹿小小的虚荣心在作祟呢，她不想对他们解释什么，误会就误会吧。

林鹿推了一下苏澈，轻声嘟囔："你耍什么帅啊？"他们身后传来一阵起哄的声音。

"谁耍帅了？我不是，猪你万圣节快乐吗？"他故意把"猪"字咬得重重的。林鹿拉着苏澈逃了出去，然后丢给苏澈一个卫生眼球，迈开步子超过了苏澈。苏澈连忙跟了过去，右手捏着一块大白兔奶糖得意地说："要吗？不要我自己吃咯。"

林鹿架不住诱惑，一把夺了过来，嘴角抑制不住地上扬："谢啦，我今天没带糖，明天我给你带。你要巧克力吗？我妈妈出差带回来的，是比利时……"

苏澈打断了林鹿的话，变得很严肃："不用了，我明天不来了。"

林鹿心下一凉，笑容就僵持在脸上。上次坐地铁，苏澈就半开玩笑地说，要是他走了，笨林鹿会坐过站的。

"小鹿，你有时间吗？可以和我到天台上待一会儿吗？或许是最后了。"苏澈的嗓音有些许沙哑，"我下午直接坐出租车去领签证，今天就不能……陪你坐地铁了。"

林鹿忽然明白，苏澈许多天以前就已经在做离开的准备，他没有跟林鹿说，是怕她难过。他们沉默地走上天台，倚在栏杆边。

"小鹿，我看你经常买茉莉清茶，以为你喜欢喝，就给你买了。"苏澈从袋子里抽出饮料，拧开。

"谢谢。"林鹿接过瓶子，挤出一个微笑。

苏澈揉了揉林鹿的短发，这次林鹿没有躲。林鹿凝望那个男孩儿，高鼻梁，薄嘴唇，璨若星河的眸子。她却没有发现，苏澈的目光只为她一人闪烁。他的眼睛里明明是无尽离愁。

"糟了，他们快下班了。"苏澈看了一眼手表，"小鹿，我先走了。"他跑向楼梯口，林鹿顿时觉得身体被抽空一般。她想追上去，送一送他，但那有什么意义呢？最终，只是这样仓促的离别吧。隔着半个世界的距离，隔着一片太平洋的距离，今后，就再也见不到了吧？

"再见！"苏澈突然回头，摆手。

再见，不就是再也不见吗？林鹿的心狂跳起来，像点燃的爆竹。有些话，再不说就来不及了。那四个字已经呼之欲出。林鹿用颤抖的声音朝苏澈的背影呼喊：

"苏澈，我……"

他已然消失在狭窄的楼道。

林鹿的爆竹刹那间化为冰冷的灰烬，同那未说完的半句话，被楼顶的风掠走，再无踪影。她终于不用再装作不在乎，任泪水决堤。

苏澈只是林鹿青春里的过客，他在她波澜不惊的池水上凌波微步而过，搅乱一池春水，之后一骑绝尘，就像从来都没有来过。

5

林鹿厚积薄发，在高考中超常发挥，如愿以偿地选择了心仪的大学。后来，她曾听妈妈啧啧称赞，苏澈考上了哈佛大学。

因为太过疲惫，所以高三那年，她没有那么频繁地想念苏澈。她明明感觉苏澈不想再和自己联络，明明以为自己已经能忘掉，但当她毕业后，十八岁生日那天站在天台上时，过往的回忆又汹涌如潮水。她才意识到，思念他就像喜欢喝茉莉清茶，喜欢听陈粒，都已然成为习惯。

电话铃响，林鹿激动地按下接听键。

"喂，林鹿。"电话对面是林鹿久违的低沉嗓音。林鹿听出他的些许欣喜。

"你为什么这么久没联络我！"

"你回头。"

林鹿的心跳漏了一拍。她慢慢转过身去，不远处站着一个穿白衬衣的少年，剑眉星目，笑容清朗，像一道光芒蓦然照亮了黑暗的楼道。

她捂住脸，只是笑，漫山遍野的花儿都次第盛放。

我在那一角落患过伤风

无 墨

我的伤风蔓延开来，辗转反侧，断断续续。然而，反反复复，讳疾忌医。

我怕中药太苦，又怕西药伤身，一边难受，一边固执地不肯放弃。等着，等着，终有一天会痊愈。

1

"哎！就他就他！是不是长得特帅？"

花痴是我的本能，我朝着声音传来的方向看去。

那个男生，颀长而瘦削，穿一件花哨的衬衫，却长得安静，薄薄的嘴唇边流露出一丝不羁的神情，还有……一双好看到不行的大眼睛。

我急忙低头。花痴犯病，血槽已空。

"喂？喂！陈——秋——言——"手机都震动起来，我才想起自己正打着电话。赶紧把手机贴在耳边，对方的喊声震耳欲聋。

"那么大声吓死谁啊！我听力又没问题。"

"你听力是没问题，但你脑子有问题啊！"

肩膀被重重拍了一下，我尖叫一声跳着转过身来，发现"暗下毒手"的正是秦一白。怪不得电话里声音那么大，原来这么近。

"我说咱能不能别老犯花痴啊！""我没有……"

他在我眼前打了个响指，把他细长的手指指向人群中那个男生的身影。我下意识地在他手上打了一巴掌。

那是我走进"高中大牢"的第一天。

2

那男生叫程航，在我们班的热度堪比周杰伦。我上辈子一定拯救了银河系，才幸运到跟他同桌。

这个男生，做例题从不用演算纸，背课文只把书懒懒散散地翻一遍而已，成绩却稳居前十。这么聪明的大脑，一定很厉害喽。那是我第一眼看到的程航：明明可以靠长相，却偏要靠才华。

我和程航原本一直处于没事不说话的关系，他是懒得理我，我是紧张激动不敢说话。

这种关系从开学第二个月的某节数学课开始有了改变。

那天我胃疼得要命，五脏六腑像拔河一样，拧得我手心攥着一把汗。

数学老师一个粉笔头丢到我头上，并准确地卡在我的发夹里，"陈秋言，又睡觉！"

身体不适给了我莫名的勇气，我竟趴在桌上一动没动。

数学老师磁场剧变，怒气已满，眼看要发招了。

"老师，她不舒服。"旁边突然响起的声音救了我一命，就如同刽子手行刑前那句"刀下留人"。

我的反应迟钝了一秒，一只手把粉笔从我头发里捡了出来扔到地上。

程航能在关键时刻为同桌两肋插刀？

脑袋里"嗡"的一声，我用余光瞥见一位女同学的目光，好像还听到数学老师不满的哼声。

他何止两肋插刀，还插了我两刀啊！

那个课间异常安静，我那"大众男神"之称的同桌一下课就离了座位，我背对着，没看见他去哪，不过没了遮挡，阳光立刻投在我身上，很暖。

"你没事儿吧？"有人敲了敲我胳膊，听声音我知道是程航。

心跳加速，大脑短路。我强忍不适把头抬了起来，还把眼前的一缕头发别到耳后，自认为呈现出了完美形象。"没事。"

程航站在桌边舔舔嘴唇，微微挑眉，眼里露出一丝玩笑的神情，连睫毛也在阳光的侧影里清晰可见。"我说你到底真病假病啊，上课时一动不动的，下课就能说话啦？"

谁愿意一边难受得要死一边还和别人说话啊！我在心里咆哮。

周围有个女生嘟哝："哼，老师说话不搭理，人家说话就听见了……"

听着就来气，我把头重新埋进胳膊里。

"哎呀我开玩笑的，"程航坐下来，像哄三岁小孩儿，"喏，喝点儿水总比硬撑着好点儿喽。"

我才明白他刚刚拿走了我的杯子接了热水。我还是趴着没动，脸却在发烫。起哄的声音立即被点燃。

"程航，等我生病你要是不照顾我，可就……"前座一个跟程航关系不错的男生坏笑道。我没看见程航做了什么反应，不过第二节化学课时我的胃疼的确好了很多，又生龙活虎的了。那杯水晾凉了我才想起来，喜滋滋地看着化学老师一饮而尽。

"放着热水不喝，非得喝凉水，神经病。"程航压低嗓音说了一句，又成了不可一世、被班里当珍稀小花朵一样的男神。

后来我问秦一白，我难受时他为什么毫无反应。秦一白很无辜地答道："水是我倒的，之后你也说没事儿，这还毫无反应？"

"可程航……"

"那是我让他把水给你的。"秦一白又露出嫌弃我智商低的表情，"满足一下你花痴的愿望喽！"

"秦一白！"

3

那句话怎么说来着？远亲不如近邻。

秦一白是我异父异母的亲哥哥，应该算远亲，可是"君座靠窗口，我座倚墙头"，说话的时间少之又少。

程航就不同了。相隔不到四十厘米的距离，相处时间一久，侃大山成了我俩每天的必修课。从校长来听课，到物理老师的衣服，一系列不务正业的东西都聊遍了。我从没这样喜欢一个人，明明怦然心跳却还要假装镇静，小心翼翼像做贼一样。

我偶尔趴在桌上，偷偷用余光观察他（我承认挺花痴的）。不得不说，程航不论气质或才华都无可挑剔，何况老天还给了他一张好看的脸——我一直觉得他长得像陈晓胡歌陈学冬的完美结合体。

我常想，怎么就没有星探发现他呢？长辈眼里的乖孩子，同学眼里的男神，小孩眼里的大哥哥，程航要是进娱乐圈，别说什么姐姐粉、亲妈粉，没准连"奶奶粉""女儿粉"都出来了。

他对其他女生说话都是礼貌而客气，唯独我俩能开玩笑，这是不是表明我在他心里很特别？我有时会傻笑着想。

他和秦一白都是狂热的球迷，高二那年正逢世界杯，听秦一白说，当时他们在宿舍半夜看手机直播，常常欢呼起来，引发与被惊醒室友的混战，最后被舍管砸门警告。

"不过，"当我把秦一白的口供向程航核对时，他补充道，"我俩更擅长篮球。"

是吗？只有事实才能证明——

就是高二那年，本校与邻校举办了有史以来最丢脸的篮球赛。

我坐在观众席第一排，临上场的时候程航悲壮地跟我说："祝福我吧！英雄要就义了。"

我激动得不知所措，半尴不尬地把刚买的一瓶维C递给他，在旁边女生不友好的目光中送上一句："去吧，壮士。"

结果呢？

程航和秦一白打篮球只顾耍帅，我们输得落花流水。

但是——

程航怎么就名声大噪了呢？！

4

那个课间，数学老师压了堂。我对这种做法有本能的反感，于是用手托着下巴，向半开的教室门外看去。奇怪，走廊两个外班的女同学在往门里张望，其中一个用手指了指我的方向。

我皱了皱眉，不认识这两个人啊！

全神贯注地读了她们俩的唇语，再加上她们传进来的尖声细气的笑声，我才恍然大悟，人家在说程航。余光一瞥，程航正盯着老师的三角板，全然不知自己成了别人谈论的对象。

下课时我冲出班级，假装撞见她们，故作吃惊地问："有事？"

"可以……找一下程航吗？"

"等下啊。"我倚在教室门口，有意提高了嗓门，"程航，俩女生找你。"

全班都静了，连扔在空中的书仿佛也静止。程航把笔扣好放在桌上走过来，经过我身边的一刹那，带起一阵风，吹到我脸上。

"哎哎哎，谁找他？""终于到了这一天啊！"

教室里同学立刻议论起来，像是有异性来找他们一样。化学用语叫——暴沸。

我坐回座位，脑袋一片空白。心跳好像漏了一拍，竟然第一次有种酸酸的感觉。

几秒钟后，班里同学早就涌出去看热闹了。

后来此事以班主任把大家撵回教室大骂一顿结束。然而这件事仍是同学谈论的话题。

"哎，你有何感想，帅哥？"坐在我前边那个男生把练习册卷成话筒采访着。

"她们就是太闲了——作业不够多。"

……

据秦一白的可靠消息，那两个女生是高一的学妹，因为那场球赛成了程航的"脑残粉"，谁知收获了我班老师的口水洗礼。

"你男神连粉丝都有了，啧啧……"秦一白和我面对面坐在食堂的靠窗位置，由于本月支出超额，只能吃一人份的肉。

我毫不客气地把那块最大的肉夹了出来——在食堂吃到大块瘦肉简直罕见，秦一白自夸是食堂阿姨喜欢他才有此殊荣。

"喂，我帮你打探消息，你还抢肉，没良心啊！"

我将战利品塞进嘴里，却并不觉得高兴。

5

托程航的福，我开始收到一些女生让我转送的礼物。我有了新的称号：送信小天使。

可每当我把东西给程航时，他又让我原封不动地送回去。

"喂！那些人我都不认识，怎么送啊？"

"那你就别给我啊。"

一句话把我噎得一愣一愣的。还没来得及思考，嘴硬的本能已经替我回答："那最好，免得我费力不讨好！"

后来再有腼腆的小姑娘拿东西给我时，我只能怀着怨气回复："你自己送吧，又不是我的东西。"

麻烦来得比龙卷风还快。"送信小天使"转眼变得"装腔作势"。

我自知不擅长咄咄逼人的说话方式，在难受了很多个夜晚之后，在班上女同学的窃语中最终选择了沉默。

我怕被别的女生套麻袋，不敢再跟程航说笑，而他也很默契地再没和我闲聊，似乎刻意要躲避同学的流言。

渐渐地，我越来越喜欢和秦一白的"狐朋狗友"混迹江湖——他和程航是舍友，我只能放下架子，从他口中探听程航的点点滴滴。

原本自认为比别人更近一些的关系远了，连普通的同学友情也不知为何很难企及。

我开始怀念那些"程航没有红起来的时光"。

记得有一次程航从讲台回到座位后责问我："这么帅的学霸讲题你都不听，作为同桌你好歹得给个面子吧？"从那时起我便暗暗发誓以后他到黑板讲题时我要连眼睛都不多眨一下地看着。

记得当初一哥们问我"程航帅不帅"的时候，我二话没说使劲儿点头。程航却很不认真地一笑带过，我猜他大概是听过太多表白才那么不走心。

095

当初我还问过程航他的双眼皮是不是动过刀子，吐槽班主任，吐槽作业和早操……

现在呢？

他似乎唯恐别人把我和他绑定在一起。

放在心底的最角落默默守护的人突然被曝在阳光下，我知道他再也不可能只属于我一个人。

说得就跟他属于过我一样。

6

第N个月末休假，那个闲得无聊的下午连我最爱的画室都锁了门，我只好死皮赖脸地跟着秦一白去看他们踢足球。

"你找个犄角旮旯老实待着，别到处转悠碍事。"他脸上大写加粗的嫌弃。

我捧着我钟爱的水溶C100坐在球场边的台阶上，身后路过的同学杂沓的脚步声陆陆续续。球场上，秦一白身后居然是程航。这两个人，难不成因为篮球赛失利，就转行踢足球了？

想着，身后传来议论的声音，似乎提到我。我条件反射地回头看去。

"陈秋言，果然是你——秦一白肯定打球呢！他在的地方准有你。"

这姑娘说话蛮刁钻，来者不善，小心行事，我这样告诉自己。

"呀！那个不是程航嘛！哎，看到他特高兴吧？"

"你有病吧？"

"你才有病呢！整天跟一群男生混在一起……"她把头低下来凑近我一点儿，"放弃吧花痴小少女！还是好好读书吧。"

我怔怔地听她说完，直到她走远了，也没找到一句话回应。

096

球场上比赛已到了尾声。先走上台阶取校服和书包的是程航。他路过我身旁，离我还有三个台阶的时候，我顺手把自己还未拧开的维C饮料递过去，想都没想。

可他没有接，旁边有女生传来做作而夸张的聊天和笑声。他只笑笑，继续向上走去。

喜欢一个遥不可及的人就像追星，你拼尽全力想拉近彼此的距离，习惯性地把自己拥有的东西交付出去，得到的却只能是他对任何人都一样的、平淡而礼貌的回应。

我的手尴尬地停在半空，不知道怎么办才好。

"哟，给我的？"秦一白不知从哪冒出来，一把抢走了我手里的饮料瓶。

我看着他，连一个表情都不敢有，仿佛哪怕只是稍稍牵动一下嘴角，眼泪就会流下来。

和秦一白走在回家路上，我破天荒地没有和他疯疯闹闹。

"我们踢球的时候，赵雯跟你说什么了？心情这么不好，不像你啊！"赵雯是今天跟我说话的那个女生。

心里突然止不住地委屈，好像喜欢一个优秀的人就是我自不量力一样。

"你说，人这一辈子只能喜欢对的人吗？"

秦一白挑起眉好笑地看了我一眼，"单选题四选一你都选不对，还想在几十亿人里一见钟情？"

我笑出声，泪水也终于不争气地落下来。

我拽过秦一白的校服袖子捂住眼睛，然后干脆将整个脸埋在袖子里。

为什么哭呢？我不知道。眼泪是种种不快乐凝结成的液体。

"喂，你你你别在我衣服上蹭鼻涕啊！"

"鬼才在你衣服上蹭鼻涕。"我把他的衣服袖子狠狠甩下去。

"那这是什么？！"他嫌弃地拎起袖口指着我眼泪的痕迹问。

"……那是我鼻涕的分支。"

097

7

高考时没人在考场外等我。父母临时出差，在他们女儿人生的关键时刻丢下她一个人。也好，我想静静。

高考结束那天下午我洗了个冷水澡，自作主张地剪了头发烫了内扣。拖着脚步上楼，给自己倒了一杯很烫的白开水捂在手里。

该狂欢的在考试之前就狂欢过了，该说的话三年也说尽了，该流的泪也早就流干了，还有什么恋恋不舍的呢？

考试之前的无限勇气和斗志在走出考场的瞬间消耗殆尽，很久没觉得这么累过。腰酸腿疼，连心跳都慢。

考试？似乎是可以尘封的事了。

唯独程航。

那个我小心翼翼在心底守护了三年，却从不敢像其他女生一样犯傻去表白的程航。

难道我的青春就这样没有波澜没有结局的结束了？

我蜷进沙发，盯着手机QQ联系人列表中程航的名字，不断点开又不断返回。许久，终于鼓起勇气发了一条讯息：

"我喜欢你。"

按下发送键的那一刻，后悔已经晚了。

一分钟后，对方发来一个问号。

他不是不明白，那不过是程航用来拒绝像我一样傻的女生时惯用的招数。

"没事儿，大冒险。"

"我就说你不可能发神经。"

泪水再一次肆无忌惮地漫出眼眶，新烫的头发蓬松下垂，粘在脸上。

眼泪落进杯里，白开水喝出了烈酒的味。

一千零一夜公主，等你回家

杨欣妍

一、我用奔跑告诉你，我不回头

阿呆说，她要去通宵唱K，唱一整夜，只唱一首歌。

我虽然懒得搭理她，还是抱着巧克力味的饼干吃得无比欢畅地问她，"什么歌值得你如此宠幸？"

"《乌兰巴托的夜》。"阿呆扔下这个名字，就拎着钥匙出门了，留下我一个人凌乱，我很好心地从网上找到这首歌，认真听了一遍，给虫子打电话，"你们又吵架了？"

"我怎么知道她竟然那么不可理喻。我今天跟不三他们打球，班长发水，一人一瓶，阿呆去找我，看到了，居然把班长骂了一通。我跟她吵，她说我成绩烂成这样了还有心思打球。我气不过啊，说我俩明明是半斤八两，她就气跑了！你说她是不是神经病？"

每次他俩吵架，都是我夹在阿呆的暴走和虫子的声讨之间左右为难，上次吵架是因为虫子把阿呆带给他的烤冷面给了同学，再上次是因为虫子问阿呆借钱，阿呆给他后自己几乎要去吃土，莫名其妙发了脾气，上上上次，是虫子说阿呆新买的衣服不好看……

我不作声，心想虫子是真傻还是假傻，虫子在那头哇哇大叫，我不理他，关门去找阿呆。

夜已至深，楼下的阿姨穿着宽厚的棉衣倒垃圾，连同一棵死掉的百合，像一枝破碎掉的誓言，百年好合。

"女孩子家家，那么晚出门不安全呦。"

我笑一笑，不说话，再不安全也要去啊，虽然我去了阿呆也不会回来，我只能在那里陪她唱一整晚的歌，还是同一首，那首歌还反反复复地有一句歌词，我用奔跑告诉你，我不回头。尽管阿呆唱一整夜，也没有奔跑，第二天清晨，路过热气腾腾卖烤冷面的小摊子，还会一如既往跟老板说，"要两份，不要火腿不要香菜也不要面。"

卖面的大伯就会干巴巴地说，"什么都不要还给钱，我可赚到了。"然后给阿呆的冷面就会格外大格外香。

我很奇怪他们怎么会乐此不疲这样对话一整年的时间也不觉得厌烦，阿呆说，"因为你情我愿。"我总觉得最近阿呆说话有点奇怪，像是受了什么刺激，神经中枢被另外一个人控制住了。

我找到阿呆的时候她果然在唱那首歌，我觉得场面有点儿似曾相识，阿呆说，"唱完这首歌，我就再也不去四中了。"

阿呆当然不是要退学，虫子在四中，我和阿呆在三中，虫子的成绩比我们好一点儿，四中比三中差一点儿，据说虫子在中考的时候故意空下了两道题，那两题正好是我和阿呆前一天刚学会的类型，谁也不知道虫子到底想干什么。

阿呆上一次通宵唱K，是在圣诞节那天，虫子在她的座位里放了一个精致的八音盒，一打开钢琴会旋转，会放宫崎骏动漫里的《天空之城》。我们一起拖着虫子去逛街的时候，阿呆反复看了十次，说了十五遍好美啊。

阿呆很酷，天不怕地不怕的女生，穿棉布裙子就是文艺范儿的姑娘，穿朋克穿棒球服就立刻帅得一塌糊涂，天生丽质没办法，我站在她旁边，整个儿一土豆，她有的我全没有，我有的她全都不稀罕。

我也不嫉妒，我们情同手足，又根本不是一路上的人。这种感情是很难描述的，像十二月末的那场小雪，所有同学在老师的惊叫声中推开窗户欢呼，手舞足蹈像得到了钱。阿呆在睡觉，下课后雪停了，她就使劲儿骂我，阿笨你怎么不叫我起来看雪？然后开始唱歌，我们一个叫阿呆，一个叫阿笨……

没看见初雪让阿呆遗憾了大半天，不过下午就好了，她看到虫子放在她座位里的礼物，夸张地惊叫，问我虫子送了我什么。我掏出一本书，阿呆的喜悦溢于言表，那本书是某次等我的时候阿呆和虫子一起翻过的，虫子很喜欢，阿呆一个劲儿说没趣。

那天的阿呆一点儿都不酷，她又叫又跳，通宵唱K唱的是《稳稳地幸福》。阿呆喜欢民谣、喜欢陈奕迅，这是唯一一首，她能找到的陈奕迅唱的幸福的歌。

二、等我有钱了，就要把它们全部抱回家

阿呆竟然真的没有去找虫子，她拉着哈欠连天的我去了另一条街买豆浆和章鱼小丸子，那才是她喜欢的东西。《深夜食堂》里有个跳舞的女人，她的喜好总是随着她喜欢的人改变，阿呆和她一样傻。

"你也不聪明，阿笨！"阿呆故意把笨字咬得很重。我确实不聪明，会稀里糊涂好心办好多错事，比如，在阿呆好不容易下定决心不见虫子时，给虫子发消息，"给我们买四中旁边的比萨。"果然在放学时，虫子拎着比萨的身影就出现在学校门口。

我什么都不说，我只知道阿呆下课时说，"笨啊，我好想念四中旁边的比萨。"我知道她最想念的不是比萨，不论是怎样的姑娘，骨子里都带着一个欲言又止的嘴巴，悄悄隐藏自己的后半句话。

虫子高高地站在学校门口，气宇轩昂，嘴巴旁边有个小酒窝，冲我们一个劲儿地笑。阿呆别扭地抓着我的手，我跑过去抢比萨，大叫，"阿呆，谁下午叫着想比萨了来着？"虫子明白过来，使劲儿用白眼瞥我。

周五我要回家住，比萨带不回我和阿呆偷租的房子，掐指一算我们今天要开家长会，我兴高采烈把他们拉回了家。虫子切比萨，阿呆在旁边发呆，我躲在屋里玩无敌连连看那样的游戏。阿呆不知道什么时候溜到了我身后，看着我玩这种不需要带智商的游戏笑得很揶揄，虫子也跑了进来，我想赶他出去，"女生的闺房岂是你们这些愣头小子能看的？"

虫子不解风情地从我的书架捞出一本书，"阿笨，你也有这本书啊？"

我惨叫一声想抢过来，虫子的话突然断了，"咦，我送阿呆的书怎么在你这儿？"

阿呆一脸茫然地望过来，我想捂虫子的嘴，结果他不解风情的话从我的指缝间溜走，像呼啦啦的时光一样，虫子说，"我送你的钢琴八音盒怎么没见你摆出来？"

"钢琴八音盒还有什么书？"阿呆的神色一紧。

虫子说，"就是我给你们的圣诞节礼物啊。"

聪明如阿呆，愣了一下，望了我一眼，就跑出了门。我明白我是跳进黄河水也洗不清了，找不到追出去的理由，我让虫子去追，他不愿意，跟我较劲儿，"你为什么把我给你们的礼物互换了？"

"你知不知道我为了给你们挑礼物费了多大心思？"

我保持沉默，虫子喋喋不休，"你说啊，你今天一定要说个明白。"我一抬头，竟然看到虫子眼中有晶莹闪烁，像漫天星辰那么明亮。我抱着头满脑袋都是我们初中时的时光，我和虫子是从小玩到大的哥们儿，初二那年我把酷到没朋友的阿呆拉进来，因为实验课自由组合练习，阿呆总是落单。

阿呆说她不在乎别人的眼光，所以还是我行我素，可是她终究是个和我一样大的小姑娘，我觉得她总是孤零零的在队伍的最后一个，告诉老师没人和她一组很尴尬，我希望那么简单的姑娘幸福。

我们三个一起度过了初中，阿呆带着虫子玩跳舞机，满大街吃烧烤，我不会跳舞，吃完烧烤主动帮忙收拾，阿呆说，"你好笨啊，怎么什么都不会。""你好笨啊，服务员会自己收拾的啦。"

"可是我习惯了啊。"叫多了我就成了阿笨，她就成了阿呆。阿呆除了有范儿，还很喜欢旧货市场，尤其是那里的旧杂志摊子，阿呆说，"看，每一本都是没有主人的过期孩子，姐姐来领你回家了。"最后是我和虫子一人抱一摞哼哧哼哧回我们的出租屋。

我和阿呆都不喜欢住校，拿着父母给我们的寝室费在外面偷偷租房子，我穿她的棉布裙子，她继续穿她的棒球服破烂牛仔裤，那上面有一道很奇怪的折痕，是阿呆的奶奶缝上的，老太太说，"哎呦我的宝贝孙女啊怎么裤子破了那么大的洞。"阿呆忍无可忍，所以阿呆周末也不回家。她跑出去后很久，阿呆妈妈打来电话，问我她在哪里，焦急的语气要冲破手机薄薄的外壳，我跑去出租屋，里面空空如也，阿呆好多好看的棉布裙子扔在地上。

像洒落的花、洒落的时光，其实我知道，阿呆怎么会扮文艺穿小清新的裙子，她买了好多，只是因为我喜欢，可是我的口头禅是，"等我有钱了，就要把它们全部抱回家。"

阿呆在很久以前告诉过我，女生要珍惜记得自己说过什么的人。

三、在乎一个人会想送她她心爱的东西

我和虫子爆发了有史以来最大的战争，其实只是我一个人在打仗。

我们找了阿呆去过的网吧、旅店、KTV，都找不到那个高挑独特的身影，我们去旧货市场，夜晚的旧货市场披着锦色的灯光，温柔旖旎。

虫子说："要不然报警吧。"我的脑海中立刻跑出了《今日说法》里各种各样诡异危险的故事，我跟着阿呆看过很多东野圭吾的书，我的脑袋第一次逻辑清晰到排出了一二三条她可能遭遇的遇害方式。

我忍不住放声大哭，把虫子推得远远的，我说："报了警阿呆还怎么在学校里待，你为什么不能对她好一点儿？"

虫子默不作声，彼时每个人都变成了一只安静的梅花鹿，温柔的鹿角里藏着所有秘密，虫子说："喂，我不想谈恋爱。要是一定要有个人，还不如找你。"

我用手里的伞扔他，原来我们都是勉强，还好我不稀罕，可是阿呆不一样，我转身回家，手机只对阿呆一个人开放。

我低估了虫子的感情，他找了阿呆一整夜，凌晨四点，街道上的灯光亮如晨星，伴着一丝皎洁的日月交融，虫子死死抱住挣扎着的阿呆，用脚给我打了好多通电话。我赶去时，看到的是一个把芭蕾舞和杂耍结合在一起的男生正在和一个高挑的女生死死纠缠。

画面绝对比好莱坞有爆发力。

阿呆看到我才真正爆发出了洪荒之力，虫子一个狗啃屎的姿势摔倒在地上，换我挡住了阿呆，她咬住了我的胳膊，我放弃挣扎，阿呆的力道之大让我叹了口气，忍着眼泪说："你也甭生气了，我妈都没给我留下个胎记，你给我刻终身印章了。"

我以为阿呆很生气很生气才会跑走，看到那么骄傲的她像受伤的小兽一样望着我，我反应过来，她大概只是不知道该怎么面对我。

我说："怎么办，我只是不想让你受伤害，你记得那本你觉得无聊透顶的书是因为你们一起看过，可是他记不住，送给你是因为那是他喜欢的东西，我只是不想让你在圣诞节的时候生气。"

阿呆说："在乎一个人会想送她心爱的东西，不在乎的话，会送她自己喜欢的东西。"

阿呆转身问虫子，"喂，你送给阿笨那台八音盒，是不是因为听到她说，她总有一天要买给自己。"

虫子狡辩："我第一次听她说的不是等有钱了再买吗。"

"反正你是记住了。"阿呆落荒而逃，外套上的金属像一颗颗闪烁的星星，眨啊眨就眨出了一滴眼泪。

"阿呆不会有事了吧？让她自己安静一下吧。"我和虫子各回各家，各找各妈，我现在只想大睡一觉。

我回到家后看到我妈很想给她写首歌，风在吼，马在叫，黄河在咆哮，哦不，把风马黄河都换成妈妈吧，她拿着一把扫帚横在我脖子前，"我不准你再和那个什么呆一起玩，你居然被她带着敢在外面租房子，你胆子大了，不把我放眼里了……"说着说着气氛就变了，我尴尬无比地站在那里。

穿着棒球服重金属的阿呆不坏，她是个有情有义的姑娘，她是大人眼中的坏孩子，她没伤害过一个人，天知道当初我缠着她左一个阿聪明右一个阿机灵她才答应跟我合租。

我妈就这一点好，哭诉的时候喜欢像说故事一样，我知道了是阿呆的妈妈不放心，打电话给班主任问宿管的电话，得知阿呆根本没在寝室住过，她问来了我妈的电话，两个人一通乱查，立刻水落石出。

我妈说："你今天就给我把东西搬回来。"

我不同意，阿呆还没有回来。阿呆给我发短信，"钥匙我留在屋子里了，我不会回去了，不想丢东西自己去锁门。"

我想我得快点回去，给阿呆留门。

四、阿呆，我们回家

阿呆不是骨子里的酷，只是打扮做事有那么丝毫的不同而已，她足够漂亮，却不够聪明。

阿呆跟我和虫子冷战，又回归到一个人的状态，有女生跑来挽我的胳膊，"我们一起去小卖部吧，我跟你说啊，每个人都觉得阿呆有点儿奇怪。"

"哪里奇怪？"我好奇。

女生眨巴着干净的眼睛，"我跟你说，你不要告诉她哦，我看到过她在路边捧着青春杂志泪流满面，也看过她在拒绝一个高三的男生时连一个不字都没说，光一个眼神，天啊太可怕了，那一个眼神，就能让那个男生确定他根本没戏。"

"你是那个男生肚子里的蛔虫？"

"他是我表哥啦。"

我哈哈大笑，我就是喜欢这样的阿呆，真实又与众不同，可是阿呆还是要落入世俗的事情里，阿呆在英语课上被赶出了教室。

月考成绩出来了，全班五十四人，阿呆考了第四十名，因为有十三个艺术生把考试逃掉了。阿呆让英语老师第一次没有当成那个骄傲的、班里及格率百分百的教学传奇。

英语老师一整节课都在阴着脸找她的茬儿，她让阿呆站起来默背昨天刚布置说下个星期检查的课文，说她一点儿都不主动，她这样学下去，就是一个浪费钱的花瓶。

阿呆气不过，在课上顶撞老师，"真遗憾，以后家长会跟家长说自己带的班零不及格率，让所有家长都把同学送去你那上课的机会没有了。"

全班人倒吸了一口气，我却突然很想为阿呆鼓掌，虽然她被赶了出去。其实英语老师真的很厉害，也特别努力，可是只有我知道，在我吃着零食玩手机听歌的时候，阿呆在反反复复地背单词做题目，可是她的成绩还是很差。

一直挨到放学，我想叫阿呆一起，但她看到我走过去，迈着我追不上的大长腿走了旁边的路，我大叫，"阿呆，我们回家吧。"

阿呆怔了怔，继续走她的阳关大道，我灰溜溜走我的独木小桥，哦不，是跟在她身后，看阳关大道是什么样子的。

我去阿呆常去的书吧，给她叫了她最爱的比萨外卖，点了一包纸巾，然后跑回我们的出租屋，穿着她的棉布裙子躲在被子里大声听歌，没有阿呆的屋子有点儿吓人。

门被敲响了，我兴奋地大喊，"阿呆，是你吗？"

静了一秒钟，一个粗壮的男声大吼，"你放歌声音太大吵到我了！"

我心虚地把歌声关小，石英钟啪嗒啪嗒走在空中的声音好诡异，可我明明记得前几天我告诉阿呆，"你听钟表赛跑的声音多动听啊。"

我抱着娃娃和被子，眼睛里脑海中全是阿呆的身影，好吧阿呆，只要你回来，我就跟你承认我也怕陪伴了自己好多年的虫子要是被你抢去我会难过。我不知道虫子那天说，如果真得有一个人，宁愿是我的话有多少真多少假，你知道的，我只会学习，然后一边希望你得到虫子的喜欢，一边又担心属于自己的最后一点儿幸福被抢走。

可是现在我突然意识到我不能没有你，我们三个人是最好的朋友。

我深情得快要把自己感动哭了，一阵猛烈的敲门声把我从半梦半醒间拽出来，我气极了，"我没放歌！"

"笨蛋傻瓜胆小鬼限你三秒钟之内把门开开，大爷我忘带钥匙了！"

我飞快地开门，"你不是说不要钥匙了吗？"

"我什么时候说了？别烦我，要不是你说害怕，我会回来这个破地方吗？"阿呆没有好气，我看到她背过脸偷笑，虽然是偷偷的，但阿呆动一动，我就知道她是哪根头发丝在想虫子了。

我用了七十二般挠痒法也没能让阿呆承认她说不会回来的事儿，却被反咬一口，她指着手机上我让她快回来说我好害怕的短信，趾高气扬，"敢惹我，我马上就走！"

阿呆是以为我跟她一样删了她的"罪证"吗？

可是亲爱的女孩儿，我心甘情愿给你这个台阶下，我还想和你相爱好多年。

对了，虫子买了很多很多本旧杂志，说要每天送你一本作为赔礼，送满一千零一本，可以当一千零一夜的公主，你是不是很满意？

但你千万不要让他知道你已经示好了，你不是常说男生得到了他想要的东西，说过的话就不可信了吗？

可是他想要的，是我们三个继续在这个世界上横行霸道相依相靠啊，我突然有点儿站不清立场了，反正我叫阿笨，身边的你叫阿呆。

寂 寞 烟 火

砖

1

小卖部。

人啊人，都是人。我喃喃自语道。为了结账，我已经在这里原地挪动好久了，但仍连坐在门口收钱的老板娘都看不到。抬起头看墙上的监控，突然发现那是种多么壮观的画面。

一低头我就撞上了人。我只来得及看到他的灰色T恤，对不起还没溜出口，他就转过了头。

对不起对不起。我面露窘色，连忙道歉。

他好高，居高临下的样子让我不得不仰头相望。

他笑了笑，毫不介意地回过头去了。

我把视线收回，暗自思忖着，他刚刚是点了一下头，还是没有？

突然一股人流涌来，硬生生地把我冲开。

我惊愕地看着我眼前那群吵吵嚷嚷又满身臭汗的男生，一个"不"还没开口，就消失在喉咙里。

我还是太怯懦了啊。我低着头无奈地想，不碍事，再等等好了，反正等了很久了。

这时有个人用手指轻轻敲了一下我的肩膀，我迷迷糊糊地抬头。

在嘈杂的人声中，我听见他说，要不要帮你结账?

我有点呆滞，连忙看看他，他正好站在柜台旁边，等着老板娘算钱。

他耐心地朝我笑着，手掌静静地摊开。

我突然就觉得世间都安静，好像他正在问我，要不要交化学作业那样简单。

我呆呆地看着他的手心，差点儿，差点儿就把自己的手交上去。

只能仓促又笨拙地点点头，把东西和零钱放在他的手中。

他稳稳地接过，然后一一付完。把东西交还给我时，我连句谢谢都说不出口，只能腼腆地浅笑着，连一眼都不敢看向他。

他说:"怎么还那么害羞啊。"

他的一句话似乎击中了我的要害，我盯着自己的鞋尖，话噎在喉咙里，突然感到无处可逃。

他笑了一声，说:"那再见啦。"

我望着他的背影越来越远直到湮没于夜色中，才突然察觉到自己强烈的心跳，一下一下，像某种激烈的搏击。

2

脚步声。

空荡荡的街道，只有他的脚步声。

我努力不让自己的步伐发出声音，小心翼翼地落着脚印，再小心翼翼地提起脚跟，走得稳缓而谨慎。

他一个人走着，他从未回头。

我无数次想过万一他回头，我该以什么样的表情和姿态面对他，但我从来没有奢求过。我只希望他不要走太快，他的步伐总是急匆匆，像要去赴一场宴会，而我习惯了慢吞吞，一下子也改不过来。

初中的时候他每天都很晚回家，在班里安安静静地写作业。我总偷偷用余光看他，微微蹙眉的样子煞是好看。他的身体由于用力写字而有些前倾，我可以看见他弧度美好的鼻梁。他翻书，写字，深情专注得跟小孩子一样。

天渐渐昏暗下来，寡淡的天蓝色画布浸染加深。我竖起耳朵听着，他拉上了笔袋的拉链。要走了。

我也要走了。当我踏出教室，天完全黑了，冷空气瞬间向我袭来。

冬天。冬天让我亲近，那些阴冷又苍白的气流，似乎冥冥中和我融为一体。

冬天的白天短暂，而我在黑夜里，反而能更自在地呼吸。

我的手脚在冬天总是冰冷，每当这种时候，就像冬天需要取暖，我特别想依靠人。

正因为如此，我讨厌冬天。

我不需要依靠谁的。我只想依靠我自己。

而当我遇到那个人，所有的退却都成了小小的火把，一点一点灼烧吞噬着坚冰似的我自己，我忍不住想要靠近一些，再靠近一些。

而我唯一能够靠近的只有现在。

路灯已经亮起，发出细微的橘色光芒。风声呼呼，像魔鬼凛冽的叫嚣。

我好冷。

可他的脚步声让我心安。

走完相同的街道，我停下脚步，向着他的背影摇手告别。

拜拜。

然后满腹心事地走回家。

都是甜的心事，我禁不住微笑起来。

我用脖子上挂的钥匙打开了门，家里亮堂堂，妈妈回来了。

厨房里的她解下围裙，疲累但温柔地说，回来了，快吃饭吧。

一如既往冷清的饭桌，我因为心情好，吃得特别快。

妈妈却看着我，欲言又止。

我心里一沉。

我惧怕看到她这种眼神，这种愁容。

我停下筷子，等她开口。

"你在学校有交什么朋友吗？"

"又来了。我低头不语。

"小景，你不要这么内向，多出去走走，多找朋友玩，多参加课外活动，让自己阳光一点儿，不要干什么总是一个人，不要总是不敢和别人说话，搞好人际关系是很重要的事情，没有朋友只会吃亏，一个人在社会上会生活不下去……"

妈妈的语气越来越卑微，到最后已经像是在乞求我什么。

我的米饭越吃越困难，我几乎把整张脸都埋在碗里，用筷子机械地搅动着那和着眼泪的饭，拼命忍住那不能抑制的呜咽声。

我不敢看妈妈。

我都懂，我什么都懂。我懂她为我好，懂她的担心和忧虑。可我何曾没有努力过？我试过积极参与别人的讨论，可是每当我挤进一个话题，我就发现我变得词汇匮乏、词不达意，每次的开口就是不可避免的冷场和失败。

天知道我多么羡慕那些天生就叽叽喳喳活蹦乱跳的女生，她们总有数不尽的话题可以交流，而我根本不知道要说什么。努力说话太累了，真的太累了。很多次我都想对妈妈说，我觉得与人交往让我快快不乐，而我总是不敢说。

含羞草会开花吗

她的眼神里除了忧愁，还有深深的负罪感。

她一直以为是她和爸爸的离异使我变成这样的，她一直以为十岁那年他们激烈得争吵让我对人产生了恐惧，从此变得闷不吭声，沉默度日。虽然我多次告诉她这不是她的错，她从来不信，只是一个人偷偷在房间掉眼泪。我知道她怕她老了以后不能再照顾我，她怕我一个人会在社会上跌跌撞撞摔跟头，她怕我这种性格会给我带来不必要的麻烦和困窘，使我失去很多人生的机会。可是我能怎么办呢？连我都在这种时候，无比痛恨我自己。我有时会想，像我这么内向又不善言语的人，活着到底有什么价值呢？不过是让家人担心，被他人冷落。

我只有更加用功地读书，试卷上的分数才能让妈妈的皱纹更舒展一些。我并不比人聪明，因为自己的性格，我更是羞于请教。于是我只能利用好每分每秒，把所有占用我时间的事情用力删去。

唯独他的名字被我用橡皮擦使劲摩擦殆尽，不过几秒却又渐渐显现出来。

4

已经忘记从什么时候开始注意他，或许是初中开学发作业本时第一眼扫到他的名字。

陆坚。

我从未见过哪个男孩子把自己的名字写得如此大方和好看。

手指轻轻覆盖在笔迹上面，闭上眼，我感觉自己站在秋色满溢的麦浪中，被滚烫的热风抱紧。

是化学科代表的名字。

我开始把组里的化学作业拖得很晚，拖到最后他不得不来找我，从那以后便成了习惯。他从教室后面走到我的桌前，问：白景，化学作业可以交了吗？

我递给他，小声地说，对不起……我忘了拿给你了。

他说了一声没关系，从容微笑，带着绅士般的温柔。然后把作业本抱出教室。

我的眼睛跟着他行走。早晨阳光从门外倾泻进来，世间顿时覆满橙色光线。好像谁咬破了一个橘瓣，浓郁的汁水流下，溅起一朵一朵很酸很酸的小快乐。

有一颗隐秘的种子在我心里种下，它发芽的过程，我痒得太难受。

我只能每次都装作不刻意地转过头，目光久久地望向他，在他看过来的前一秒，仓促而慌乱地回头看书。

上体育课的时候总是以各种乱七八糟的事情拖着时间，为的是跟在他身后下楼，他一边把玩篮球一边和同学说的话，都被我反复记忆和咀嚼，然后记录在日记里。

他把我的生活重新上色，用调色盘涂抹着大片大片鲜艳明亮的橘黄色。

我曾固执地认为，我的这些行为和想法，都不要让他看见和知道。我甚至并没有感觉自己些许执意和反常的表现会引起别人的怀疑。

所以你能知道，当同桌问我是不是喜欢他的时候，我的表现有多么惊慌。

她嬉笑着安慰我，喜欢一个人是多么正常的事情，她会帮我追他云云。

我还是觉得难受。

就像有人用指头轻易戳破了你的秘密，还企图把伤口越捅越大。

原谅我不是一个对别人放得开的女生。他的存在带给我的所有欣喜和沉重，我都想，也只想一个人承担。

5

说出来你可能不信，初中同学三年，我和他除了交作业时必要的

113

交流，再无话说。而实际上，我跟班里很多人几乎都是这样。

升上高中，人来人往中我依旧一个人。我安静是出了名的，安静到没有人打扰，就活得跟一个自由移动的影子一样。

我跟宿舍的人也平平淡淡，平淡到她们会经常忘记我的存在。

比起忘记，我更怕她们觉得我乏味。

我想我就是那种很不讨人喜欢的人，于是小心翼翼，生怕被人讨厌。而没人喜欢也没人讨厌，恰恰就是最没有特色的人。我的愿望已经小到成为这样一种人。

她们谈天说地嘻嘻哈哈，我只是听着，微笑，不出言语。我害怕自己的加入让她们的气氛骤变。

难过的是，有时候她们会说我高冷。

我不能为自己辩解什么，我心里复杂的意味翻滚至喉咙，几欲吐出。

但是没有言语。

我只能拘谨抱歉地笑。

抱歉。

非常抱歉。

我似乎只在他面前是我自己。

高中我们成了隔壁班，平时也经常见面。我害怕与熟人偶遇，我害怕看到她们一副"啊她叫什么"的困惑神色，然后不情愿又无奈地和我十分不自然地走在一起。这种自卑和不安的感觉经常钳住我，仿佛我比她们天生低着一等，我绝不该使她们难受似的。

而他不会。

他在教室外面见到我，非常自在又大方地喊，白景。

第一次我受宠若惊，我不敢相信自己的耳朵。等他走过，我才发现我忘了招手。

次数多了，似乎是一种默契。我开始频繁地去洗手间，经过他们班，他经常在走廊和好兄弟玩，就算在被整得很狼狈的时候，他一看见我还不忘招着手喊我名字。

我就在那样的瞬间，心情汹涌到了从未有过的高潮。

被在意是一件多美的事啊。

尽管……我知道或许他对所有人都这样。都这样热情，都这样得体。

但我不愿再想。他容忍我的寂静，他在意我的寂静，这是我一厢情愿认为的事。

6

我依旧跟着他，在每天晚上。

高中住宿，我还可以悄悄跟着他走到宿舍区。

他和初中一样，在班里学习到熄灯，出来的时候已经没什么人了。

我万万没想到这一天会下雨。

我清楚地记得我并没有带伞，但我还是不甘心地把书包翻了个底朝天。

他走到天桥时停下了脚步，想从书包里拿出雨伞，无意中回头。

他看到我了。

他在原地问我："有带伞吗？"

我愣了几秒，终于迟钝地摇了头。

"我有，一起走吧。"

我几乎是条件反射般惊恐地拒绝了："你先走吧……我，我等同学。"

我永远忘不了他当时定定地看着我的眼神，眼波流转着我看不懂的东西。

我紧张又不知所措地站在那里，像有一个世纪那么长，我的大脑一片空白。

我后来想，我到底还是太卑微了，在他面前我甚至更加惧怕自己的无趣。

可他像是非要看到我同学来才肯走似的，雨伞也不撑开，脚步也不迈出。

我觉得难熬。

我好希望有一个同学经过，哪怕不熟的也好。

可他就这样不说话，陪我等着。

谁知道等了多久呢，最后雨都停了。

他察觉到雨声的渐渐稀疏，终于还是笑了出来。

走吧，送你回宿舍。

他的音色依旧好听。

我无法拒绝，还是迈开了脚步，一路上都仿佛是在梦游。

我第一次发现我可以离这个人这么近，近到可以闻到他的味道，触碰到他的温度，近到我希望这条路长点儿，再长点儿，再长点儿，因为我不知道下一次……有没有下一次了。

一路安静，他的脚步声和呼吸声就在我耳边，我慢慢安定下来。

他开始有一搭没一搭地和我聊天，我也奇迹般地没有畏缩自己。

我在校报看见你的文章了，特别棒。他说。

我低头笑。

安静的人真好，心思的缜密细腻总是我们没法比的。

我听到这句话有点儿恍惚。

他是第一个没有告诉我"你应该变得开朗变得活泼多说话多交流"的人。

他跟我说，安静的人真好。

我很想抱抱他。隔着那么多层毛衣，我还是想抱抱他。

我还想问你一个问题，为什么你走路那么慢？

他的一句话把我拉到现实中，大梦初醒的我以为他觉得时间漫长无聊，连忙急促地加快步伐。

我说的是，每次我在前面，你在后面，你为什么总是走得那么慢？

我有些反应不过来，停下了脚步。

我一直以为他不知道的。

以前我总想，我要是走在你后面又没办法绕路，你这么慢悠悠地走，我大概会被憋死。

但我想，如果这是你最自如的样子，那就这么走吧，用最舒适的方式。

7

我终于明白他的话。如果，如果这是我最自如的状态，我为什么要企图改变它呢？

我习惯了安静随意的自己，亦习惯了笨拙自卑的自己。如果这种性格已经根深蒂固，而我又做不到迎难而上，我为什么不顺应它，转化它，享受它呢？

我不想再为了我做不到的事情白费力气，苦苦煎熬了。那样太累，太累。

我跟妈妈进行了一次很长很长的谈话。

我告诉她，我不想麻烦人，也不想依赖人，就算一个人，我也能活得很好。我不需要泛泛而交的朋友，不需要硬撑起来的笑脸，不需要回应不属于我的话语，不需要拥抱明明相距甚远却要假装亲近的人。

如果我天性冷淡且薄情，原谅我不能将整个人完全融入人群中，我只想把我仅有的火光，用来温暖我想要温暖的人。

我开始写文。文字让我心中情绪的藤蔓滋长，我任由藤蔓缠绕着我内心最为脆弱柔软的部分，渐渐成为一层坚固的甲。

仿佛我获得了一种向内生长的力量。

我半开玩笑地对妈妈说，如果我这种性格会让我难以行走，那我就躲到世界某个角落，开一间小小的书店，我每天窝在书堆里，写我自己的文字，做我自己的事，又不用常常说话，还可以赚钱，我会觉得很幸福。

妈妈最终对我微笑了。

我还是跟在他后面，他也再也没有回头。

我想，他一直是知道我喜欢他的。

从初中到高中，他一直在默默注意那个跟在他身后飘忽的影子。他觉得她有点儿傻，可是他没有说。

我很感谢，感谢他即使知道也没有躲我，感谢他陪我走过每一个心满意足的夜晚，感谢他愿意在我最狼狈的时候，选择保护我那颗渺小易碎的自尊心。

如果可以，就一直走吧，我安静地跟着，一步一步，走出一个漫长而笃定的自己。

到时候，请允许我走近你。

茶底人生

　　我的妈妈，也许不同于世界上大部分的妈妈。在那些本应柴米油盐与孩子斗智斗勇的日子里，她选择的是另外一种生活。也许她没有尽到一个母亲的责任，但她至少认认真真地过她的人生。也许正是因为这十年的空缺，让我们可以坦诚地坐在一起，听她讲述茶底的人生。

茶 底 人 生

夕里雪

八月的北京，夏意未央，秋意将至。刚刚从西北旅行回来的我，站在茶几前给妈妈泡了一杯兰州带回的三炮台。她在身后轻轻梳理我因为风吹暴晒而焦黄的长发，轻轻地说："我真不敢相信，你就这么长大了。"

杯子喧腾而上的水汽打湿了睫毛，我却说不哭。父母离异后的十年我和妈妈完全失去联系，妈妈背着抛家弃子的骂名远走他乡，那些错失彼此的时光早就被眼泪打湿，揉进辗转反侧的深夜。

妈妈离家时我还太小，不曾听过她的成长；重逢时我正值草长莺飞的十八岁，沉溺在自己的学业和爱情中，无暇听她回顾成年后的艰辛。于是现在我将茶杯递到妈妈面前，袅袅的清香中，我说："来，妈妈，给我讲讲你的故事。"

妈妈和爸爸曾是公认恩爱的一对。妈妈贤惠，从结婚开始就没有再让爸爸自己洗过一双袜子；爸爸顾家，发工资第一件事就是给妈妈买好吃的。那时的生活虽然不富裕，但却是只羡鸳鸯不羡仙，以至于两人在婚姻的第五年仓促离婚时，所有人都跌破了眼镜。

矛盾的源头始于一段空穴来风的传闻。妈妈是家里五个孩子中的老幺，从小被哥哥姐姐在手心里捧惯了，性格开朗大方，与人相处也风风火火。嫁给爸爸的时候才将将二十岁，正是爱笑爱闹的年纪，天天扎个小辫子去钢铁厂上班，是厂里的开心果；在办公室里年龄最小的她也经常和同事嬉笑打闹。很快，有关妈妈个人作风不正的闲言碎语开始飘散开来，传到了奶奶的耳朵里。

我的奶奶是个固执的人。三十出头丈夫去世，孀居十余年独自将一对儿女抚养成人，炼成了她坚强果敢又过于刚愎自用的性格，尤其在乎外人对自家人的评价。所以自从有关妈妈的传闻传到她耳中后，几乎整整半年，她从未给过妈妈好脸色。妈妈从小被宠习惯了，最受不了这种明里暗里的冷嘲热讽，有时压不住脾气也会和奶奶争执几句，奶奶做了十几年权威家长，哪里容得小辈造次，两个人你来我往，爸爸夹在中间左右为难，只好顺着奶奶指责妈妈。

妈妈受不得委屈，一来二去，和爸爸之间的矛盾越来越大。

她说，很多年之后回想起来，很多事情其实并没有到非吵不可的地步。只是那时太年轻，完全做不到压制自己的脾气，有时候与其埋怨别人对你的百般刁难，其实不如反思自己的任意妄为。

将他们的矛盾推向白热化的节点，是爸爸突发心脏病去北京治疗的事情。奶奶觉得妈妈年龄太小压不住事，不许她同行，带着爸爸飞到北京做手术。那个时候没有手机和电脑，有关爸爸病情的全部消息都来自奶奶不定期打给妈妈的电话。妈妈心里着急，嘴上忍不住抱怨，和奶奶一言不合，居然在电话里吵了起来。挂断电话后妈妈越想越生气，头脑一热，拎着行李住回了姐姐家。姥姥和姨妈心疼妈妈，索性由着她在家里住下，这一住就是两个月。

传言再次四起，毒蔓般肆虐开来，说妈妈在爸爸病重期间连家都不回，鬼知道是什么原因。

说到这里，妈妈明显变得激动起来，咕嘟咕嘟喝了几大口茶，我都来不及喊她小心烫到。她深深呼了几口气，继续讲了下去。

爸爸病愈回家后自然也听到了这些风言风语，和妈妈的争吵不断。经年累积的怨怼在一夜间决堤，已经摇摇欲坠的家庭被推到了风暴中心，被迅速摧毁成碎片。爸爸最终被愤怒的洪水冲昏了头脑，用手指着妈妈说："离婚吧！"

妈妈惊呆了，沉默了半天才咬着牙说出一句："好！我什么都不要，孩子你养！"

妈妈在离婚时的态度成了她十年的把柄，这十年间总有人有意无意地在我面前提起，伴以不知是惋惜或是讽刺的啧啧叹息。他们喜欢声情并茂地向我重现当年的现场，仿佛他们每个人都是亲临这场悲剧的旁观者。在那些言之凿凿的描述中，妈妈是个冷血的女人，她不吵不闹不顾三岁的女儿头也不回地离开了家。

听着妈妈的话，我突然想起十年后我第一次来北京看她的情景。在车站我几乎是第一眼就找到了在人群中踮起脚尖张望的她。她还是那么年轻，似乎十年的时间没有在她身上刻下残酷的痕迹。我看着她向我奔过来，却踟蹰着不敢上前，在离我一步远的地方停下，仔仔细细地打量着我。

她说："妈妈已经认不出你来了。"

这世上所有的形容词都不足以形容那一瞬间的混乱，我看到的是一个母亲，和她身后那个曾为爱情失魂落魄的少女。冷血的女人不会有如此百转千回的伤情，于是我替妈妈续上茶杯中的水，生平第一次开口问她："离婚的时候，你是怎么想的？"

她说："我不哭不吵什么都不要，是因为在那一瞬间突然心死了。我不知道自己一心一意对你的父亲怎么会招惹那么多的风言风语，我也不敢相信在面对这些谣言时你爸最先想到放弃的居然是我。对这个家庭我恋无可恋，所以我不要任何财产，净身出户。我唯一的牵挂是你，可是我知道自己没有能力让你过上好日子，所以我连你的抚养权都拒绝去争取，直接离开了。"

窗外的阳光正好，一如十年前的那个夏日。办完离婚手续的当天，妈妈拎着小小的行李箱走出了门。当时的我哭喊着拦住过往的出租车，发疯般一辆一辆地找妈妈。我以为她和从前一样，没有离开，只是躲在某个角落里，等我尖叫着扑到她的怀里时，会变魔术般地拿出各种零食。

可是这一次，现实变了一个大魔术，它把她从我的世界里变没了。那个仅仅二十五岁甚至还可以称为女孩子的她，一脚踏进孤独的世界，头也不回地走向了异乡。妈妈去过很多地方，广州，山东，天津，最后落脚在北京。刚开始她给人打工，在工厂当过会计，在商场做过售货员，也在夜总会做过收银。后来攒了一点儿钱，在天津开了一间自己的服装店，期间认识了几个小姐妹，听说北京的服装市场需要大量的销售人员，便结伴到了北京。因为经验丰富，很快在一家皮草品牌的旗舰店做了店长。这一晃，就是十年。十年里，妈妈住过地下室，早上五点起床挤地铁，被传销骗过钱……我不知道那些年里她究竟经历了怎样的寒冷，但从她渐次低沉的声音里，我听不出太多回忆的温热。

于是我问她："妈妈，为什么不重新开始一段生活？"

听到这里妈妈不好意思地笑了，抿着嘴喝了一口茶。她笑起来梨涡浅现，即使年过四十依旧是个美人。

妈妈一直没有再婚。但十年的时间里，也曾有几个追求者的，期间不乏家境殷实或者老实本分的男人，但妈妈偏偏就一直是一个人。曾有一个北京男人很真诚地希望能和妈妈重组家庭，两人以朋友的身份相处了一年多，最终还是止步于朋友关系。姨妈向我解释说妈妈离婚后一个人在外面漂了太久，性格都变得孤僻了，不太愿意和别人长时间相处。

五年的婚姻说长不长，但足以将一个人对爱情所有的幻想磨灭得消失殆尽。再加上时代的蹉跎，让她更无暇顾忌这些虚浮的东西。二十世纪九十年代，伴随着经济腾飞的是下岗高峰，给底层这些大众带来生活上的拮据。妈妈在时代洪流中辛苦而又固执地漂泊，独在异乡的艰难求生，将她对爱情的熹微向往推挤到了心灵的最角落。

我能从她眼角的皱纹中读出那些年的孤苦。姨妈对我说，妈妈在外地很少给家人打电话，也不愿意讲自己的事，问什么都是一句我挺好的。但是只要和妈妈聊天，姨妈总会在电话里苦口婆心地劝：回来吧，回来家人都可以照顾你。

于是我问妈妈，你怎么不回家呢？

她说，那个地方留给她太多的伤痛，太多人在多年之后还会咀嚼着她当年离家的那个背影说两句闲言碎语，却没有人曾在她哭着迈开步子时给她一个拥抱。那样的地方不是她的家。于是她选择了做一条时光中的鱼，漂流在无边无际的深海中，看不见前路，也无岸可栖。

如果非要说那个地方还有令她不时回顾的理由，我想，那是我。

这些年，她一个人在外面习惯了，觉得清静自在。看过了很多繁华，经历了很多风雨，从来没有什么觉得过不去的坎坷，唯有在那些梦到我的夜里，她会突然觉得寂寞。

十年里，我独自长成了她当初期望的样子，她眼里的欣慰我看得懂。我努力学习，安分长大，做一个在外人眼中十足的好孩子。她从家人电话和朋友的只言片语中一点点拼凑我的近况，在一个遥远的地方默默苦撑，在我听不到的晚上，哭给自己听。

她缺席了我漫长的成长，但在我最好的年华里给了我祝福的拥抱。

124

我的妈妈，也许不同于世界上大部分的妈妈。在那些本应柴米油盐与孩子斗智斗勇的日子里，她选择的是另外一种生活。也许她没有尽到一个母亲的责任，但她至少认认真真地过她的人生。也许正是因为这十年的空缺，让我们可以坦诚地坐在一起，听她讲述茶底的人生。

她放下杯子说："好了，我的故事讲完了，你的故事才刚刚开始吧？"

多好，我尚年轻你未老

草帽儿先生

作为一个女子，阿嬙绝对是百年难得一见的眼泪包，好像一戳就能戳出一汪水来似的。

阿嬙喜欢和女儿九九讲很多她以前的事，有些事九九听了许多遍都能一字不落地背出来。

阿嬙小的时候农村是不怎么让女孩子读书的，多半小小年纪就去割草煮猪食放羊，阿嬙却对念书这件事偏执到了极点。村里的小学只办到二年级，阿嬙读了两年只好辍学。哪知一年过去，小学开始扩建，阿嬙看着原先一起辍学的同伴们开开心心背着书包又去上学了，屁颠儿屁颠儿跟在父亲身后一路不停地哭哭啼啼，终于把父亲哭烦了，三年级也就可以上了。四年级开学时，泪水攻势对父亲不太奏效，阿嬙又哭着去拜托老师来当说客。总之这样一路哭着，倒也有些林妹妹般的好运气，书，终归是读下来了。

九九记得，有一次阿嬙生日，她忘了准备礼物，急中生智写了份类似保证书的东西，说以后一定会乖乖听话，不惹她生气，阿嬙看完以后抱着九九又哭又笑，眼泪抹了又抹还是泪花涟涟。

其实九九特别心疼阿嬙，她嫁的倒是个老老实实也真心对她好的人，可公公婆婆都偏爱小叔子，拿阿嬙和丈夫当草一般作践，呼来又喝去，每天都要找点什么理由责骂一番。九九在大衣橱里翻到过阿嬙曾经的日记，上面满满的是被泪水晕开的钢笔字，想家、委屈、不甘又无奈。阿嬷做不出忤逆长辈的事，只好忍气吞声最后变成涓涓泪水在独自一个人的时候涌出眼睛。嗯，这些事阿嬷的丈夫都不知道，这样爱哭的阿嬷，为了不破坏他们父子的感情而偷偷地饮泣了多久，九九连想都不忍心想。

九九中考失利，一向擅长的语文遭遇了滑铁卢，九九估摸着还是可以上县重点，也没怎么往心里去，依旧该玩玩该吃吃。倒是阿嬷，为九九的分数担忧不已，时不时半夜醒来捂着被子流眼泪。

九九说阿嬷的眼泪一点儿都不值钱，不会变成珍珠还老是掉。开心哭难过哭生气也哭，看到蛇碰到大青虫还是哭，好像忘记拧住的水龙头。

阿嬷的全名叫作梁嬷，阿嬷常说，大概是名字取得不好，才一直过得这样跟跟跄跄，不过跟跟跄跄也比走不动要好，她虽然常哭，可是她也常笑。

嘘——悄悄告诉你，九九其实就是我，虽然嫌弃阿嬷爱哭，也嫌弃她啰唆，但我一直把她放在心尖儿上，像她对我一样。

嘘——不要把这篇文章拿给我的阿嬷，不要告诉阿嬷我其实特别爱她，我怕她会哭呀。

另一个女孩儿的时光

愈 之

她几个月大时，亲妈去世了，后妈在她一岁那年来到这个家。

事实上后妈不像童话中描述的那么恶毒凶狠。每次领到工资，她都给孩子们买白切鸡，有时候会带她去看粤剧，还曾经为了她和两个哥哥而打掉自己的孩子。

可是，没有亲妈的小孩，似乎真的缺少了些什么。

哪怕爸爸特别疼她，给她讲故事、买好吃或好玩的东西，有时候还亲自到海滩挖田螺、沙虫和牡蛎（那时候在海滩随便一挖就有这些东西，不收钱，也极少人把它们拿到市场上作为商品来买卖。）

周围的孩子们知道她的情况都不太愿意和她玩，觉得她是异类。同样被排挤的还有一个叫小惠的邻家女孩儿。据说她爸爸犯了事，被抓走了，她和妈妈相依为命。或许是受到相似的嘲笑吧，加之小惠没有兄弟姐妹，故而两个女孩儿走得特别近。

小惠家的经济条件不错，家里有很多连环画和故事书，两个女孩子一起做得最多的事情就是阅读，此外，小惠还愿意把书借给她拿回家看。她在小惠那里读到了很多课外书时，大概不会想到自己将来会有一个酷爱买书的女儿。尽管那时，她已不爱阅读了。

与那段回忆纠缠在一起的还有饭勺。后妈上早班，每天五点多就要她起床吃早餐。粥很烫，她吃不了，也吃不快，后妈见状就敲她脑袋。除此之外，后妈并没怎么打过她。可她多少有点畏惧后妈，在她面前时变得小心翼翼。

有一次后妈骂得凶，她索性离家出走。那年她七岁，外面刮十二级台风，她披着塑料雨衣，一边走一边踢起地上的积水，心想如果有人要把她领走，那就跟那人回去好了。这样想着，面对眼前的狂风暴雨，她便不觉得害怕了。不知道走了多远，被好心人注意到，问清楚情况后，把她带到派出所，由民警送回了家。家人看见她平安回来，也没打骂，只是爸爸还和她谈了很久，谈话内容早已遗忘，但出嫁之前，她再也没有离开这个家。

那时后妈和爸爸工作很忙，大哥和爷爷奶奶一起住在老家，二哥顽皮，时常出去玩，一玩就忘记了回家的时间，因此没少挨爸爸的拳头。她独自在家，渐渐学会了自己和自己玩，除了借书回来看，就是自己做布娃娃和她们的衣服，用瓦片、树叶一类的东西来玩过家家。有时候也独自外出，她走路喜欢留意地面上的东西，因为这样容易捡到钱，她还总结了规律：风把树叶吹得绕着圈子旋转的地方，最容易发现毛票。有一次她还在垃圾场附近捡到五块钱呢，对一个孩子和当时的物价来说，这是天文数字了。她把捡到的钱拿去买吃的。

每当寒暑假来临，她都独自骑自行车回老家，和大哥他们一起干农活。每次回去之前，都为爷爷奶奶准备好吃的。因为他们从来不打骂她。此外，小小年纪的她已经懂得做饭和打扫卫生了。还给工厂里上班的后妈送午饭呢。有人夸她乖巧，说后妈有她这样一个继女是福气，后妈听了当然高兴，她却说不出这是一种怎样的心情。多年以后，后妈年纪大了，卧床不起，她时常回娘家照顾她。倒是爸爸去世得比后妈早，葬礼上，别人要求她把亲妈的魂喊回来，她愣是站在那里，一声"妈妈"也喊不出来。亲妈在她的印象中只是一个生下她的人，真正配得上她叫"妈妈"的，只有瘫痪在家的后妈。

记忆中，一家人搬到爸爸单位的集体宿舍后，后妈便不再打她了。宿舍条件很差，三四户人家共用厨房和卫生间，但不用交房租了，这里的人也相对友好，他们不会用与"后妈"有关的事情取笑她。身边多了不少愿意和她玩的小孩儿。

至于学习嘛，她似乎不太在行，但谈不上太差劲。六十年代出生的人，时常是半天上课，半天劳动，重视学习的家庭不多，称得上成绩优异的人更少。她是一个安静的人，偶尔会被男生欺负，有好事者会挖她的家庭背景，说她是个没妈妈的孩子，恶毒一点儿的人还会说她的爸爸很快也会不要她了。她知道自己长得矮，又瘦又小，肯定打不过人家。于是她喊来了比她年长四岁的二哥。二哥同样很瘦，但很高，对付她班上的同学是不费吹灰之力的。一来二去，大家都不敢再欺负她了。

她因被欺负而找二哥求救时，根本不会想到，班上那个胖胖的男生日后会成为她的丈夫。这是她二十岁以后的事情了，他们是在她姊姊的介绍下正式认识的。男生对她一见钟情，几乎到了非她不娶的地步。一大早就到她家敲门，带她去茶楼喝广东早茶。每次约会，他都打领带、穿西装，把皮鞋擦得发亮。六七月的大热天也不例外，弄得她好笑又无奈。这身打扮维持到女儿出生才稍有变化。但他确实对她好，是真的疼爱她。两人结婚后，原本什么家务活都不会干的他学会了拖地煮饭洗衣服，为的是减轻她在家务上的负担。女儿还记得小时候，爸爸喜欢把地板反复拖好几遍，拖把也不拧干，弄得地上湿漉漉的，说是让它自然干，还不断叮嘱母女二人小心地滑。

那时丈夫在一国企当技术工人，跟着一个对他很好的师傅，几乎不怎么干活也能拿高薪。同时，他家的经济条件比她娘家好多了。他们结婚时，除了最小的弟弟还在念书外，家里其他成员都有稳定的工作。她在他家人的帮助下进了事业单位当服务员。那个年代的服务员是一份很吃香的工作，加之她所在的单位是国家定点接待部门，时常有领导人物和外宾出没，业绩故而不错，很多人都想在这上班。为此，丈夫家里人瞧不起她，觉得她娘家穷，这么好的工作还是夫家人帮她找的。婆婆是那种很刻薄的人，小姑也不是省油的灯，面对她们的刁难，她选择了忍耐，一如既往地对这个家的成员友好，心里实在憋得慌，就回家和后妈诉说心中的不满与烦闷。随着岁月流转，她发现她们已经磨合得像亲生母女一样了。

值得她高兴的是，无论夫家人怎么对待她，丈夫依旧爱她，对她好。这种好一直延续到女儿出生、上学、长大成人……在女儿的记忆里，爸爸是最疼妈妈的人，没有之一。

多年以后，她把这些经历零零散散地告诉女儿，没想到有一天，闺女把它们写成了故事。女儿为这篇文章想了很多个题目，最后决定叫《另一个女孩儿的时光》。因为在女儿眼里，它与自己无关。

故事里，妈妈只是一个女孩子，她担任着女儿、妹妹和学生的角色，踩着时光，一点点长大，直到另一个小女孩儿参与到她的生命之中，让她成为母亲。不同的是，她真的是小女孩儿的亲生妈妈，她想，既然没有亲妈的关心，那就用这个身份关心另一个生命吧。

身后那道温暖的光

周空尘

1

母亲二十三岁那年嫁给父亲。当时父亲一贫如洗，有的只是一股年轻人的干劲和勇气，母亲的选择遭到家人的极力反对，最终她还是顶住各方压力，毅然决然地走向父亲。她也因此没能得到家人的祝福，婚后很少与娘家来往。

那时父亲在建筑工地当学徒，每天有八块钱工资，吃饭用掉三元，剩下的五元补贴家用。母亲说，日子虽然清苦，倒也自在踏实。

2

母亲二十六岁那年，父亲查出肝硬化，家里没有积蓄给父亲治病，母亲只好四处筹钱。那个年代，谁家都不宽裕，母亲大多时候都是空手而归，倒是姑姑经常接济我们，尽管如此，父亲的病还是渐趋恶化，直到父亲感觉自己撑不下去了，他对母亲说，"我恐怕是不行了，以后找个好人，别苦了自己。"母亲的泪在眼里打转，她什么都没说，去建筑工地找到工头——一个远房亲戚，恳求他能够借钱给父亲治病，她愿意留在工地打工直到还清债务。工地上没有收留女工的先例，也没有现金能拿出来周转，工头很为难。母亲倔强地守在工地上，用坚定的目光告诉工头，如果他不答应，她就不回去。

那时正是初春，冬天的寒气还没有消散，到了傍晚，温度骤降，工人们整理好工具，一起坐着三轮汽车回家了。工头也躲起来不肯再见母亲，工地上渐渐冷清。母亲坐在简易棚旁边的角落里，无助又凄凉。她明白，等在这里也许不会有希望，但回去就一定没有希望。一个"也许"支撑着她抵御即将到来的黑暗。看门的大爷在工地上巡视，看到母亲，只说了句："你还没走啊。"母亲的泪就流了出来。大爷轻声叹了口气，走了。没多久，一个大娘打着手电筒找到母亲，拉着母亲的手要母亲跟她回去。

母亲告诉我，二十多年过去了，她依然记得那晚屋里的灯光，昏黄却温馨。大娘给她煮了碗面条，面条上面飘着细碎的葱花。母亲说那是她吃过的最好吃的面条，无论现在生活多么富足，也做不出当年的味道。那晚，母亲和大娘挤一张床，大爷把屋里的几张椅子拼起来，算作一个简易床，因为贫穷，他们甚至拿不出一张多余的床单铺在上面，大爷和衣躺下，竟也睡得香甜，空气里飘荡着细微的鼾声。母亲一夜没睡，她想，即使什么都没有，两个人相依相偎，能够相伴到老就足够了。

第二天一早，寂静了一个晚上的工地刚刚苏醒，母亲就准时出现在工头面前，他惊诧的目光里透着些许无奈，"你先回去吧，我想想办法，明个一早就把钱送过去。"母亲的眼睛里放出别样的光芒。那一刻，她近乎破碎的心又装满了希望，她觉得世界都不一样了。

父亲重新回到医院接受治疗。半年后，父亲的病情得以控制，回家静养。母亲也像她当初承诺的那样，回到工地打工偿还债务。一个不到三十岁的年轻女人如何承担起工地繁重的工作？工头碍于亲戚的面子，没有让母亲留下，他说，钱等有的时候再还，这都是大男人干的活，你在这里也不方便。

132

母亲回到家里照顾父亲，她说："家徒四壁又能怎样，一家人在一起，就什么都不怕。"

3

　　母亲三十四岁那年，我十岁。因为家乡的工资太低，父亲外出打工，我和母亲留在家里。

　　那时候我在小学读四年级，夏天的一个傍晚，正是最后一节课，天空像幕布一样，从阳光明媚换成了乌云密布，不一会儿，雨点就拼命砸了下来。

　　陆陆续续有家长带着伞等候在教室外面，教室里开始骚乱。我向门口张望，没有母亲的身影……

　　下课铃响，我心不在焉地收拾着书包，邻居的阿姨让我跟他们一起回家，我倔强地摇头，说我妈妈会来的。

　　教室里的身影渐渐少了，少了，没有了，我等的人还没有来。

　　我抱着书包跑进雨中，委屈的泪水混着雨水在脸上肆意流淌。回到家里，衣服都湿透了，黏在身上，雨水顺着头发滑进嘴里，咸咸的。母亲正在屋里做她那些似乎永远都做不完的家务，看到她的那一刻，我什么话都没说，默默走进房间换衣服。

　　从那以后，即使是晴天我也记得带上雨伞。那时候的雨伞一律是长柄的，每天带着它上学放学，连我自己都觉得奇怪，感觉周围的目光是异样的。碰到雨天，心里既轻松又快乐，偷偷地想，你们就在这里慢慢地等人来接吧，我先回家吃饭了。

　　时间久了，就开始习惯了。自己能完成的事，不要给他人添麻烦。

　　有一次跟母亲聊起这些事，玩笑似的嗔怪母亲。母亲看着我，温柔地笑着，眼角的鱼尾纹欢快地游弋。她摸了摸我耳边的碎发，"其实我去了，我在教室后面看着你，有好几次，我都想冲过去拉着你回家，淋在女儿身湿在母亲心啊。可是你也知道我们家的情况，你爸爸身体不好，还要挣钱养家，我在家里照顾你和爷爷，也要顾及田里的庄稼粮食。我们谁都不能面面俱到、时刻陪在你身边。这次我去了，那下次呢？你最终还是要自立，要自己动手。但是孩子，你也要记住，在你需要的时候，爸妈会第一时间冲到你跟前，做你坚强的后盾。"我的鼻子涩涩的，母亲啊，你怎么不早点告诉我，那么我也不会傻傻地妒忌别人的父母对孩子的宠爱，而忽视了身边那个真正爱我的人。

4

　　母亲四十二岁，我十八岁。因为自己生性乖张暴戾，所以在高考志愿上选择了一座有着七千多年文明史的古城安顿自己，以期镇压聒噪不安的灵魂。

　　中秋节放假，母亲打电话问我回不回去，我看似委婉地反过来征求母亲的意见，其实是没做好去别处的计划。母亲说，"你自己决定吧，想回来就回来，不想回来就出去看看，但要注意安全。"我想了想说："那不回去了吧，也就两三天的假，路上还要耽误好久。"母亲说好，叮嘱了一阵，才挂了电话。舍友说每次放假，她父亲都想让她回去，她说话的时候，脸上洋溢着满满的幸福。我酸酸地嘟了一句，我爸妈从来不会这么说。

　　我和一个留在宿舍没地方去的舍友决定去北京，硬座坐了十四个小时，正好是回家用时的两倍。我们去了后海，逛了西单。晚上住不起旅店，在网吧凑合了一夜，第二天凌晨四点爬起来看升旗，冻得我们蹲在地上紧紧依偎相互取暖。升旗结束，人群一哄而散。我们去路边的小店喝了豆浆吃了油条，又匆匆跑去故宫看人海。下午买火车票滚回学校，瘫在床上一睡不醒。

　　半个月后，表姐在微信上跟我聊天，发了母亲的照片。只见母亲的双眼浮肿，左半边脸是一大片青紫，头上还缠着纱布。我吓坏了，赶紧问表姐是怎么回事，那边迟迟没有回复。我看看时间，晚上十一点，爸妈已经休息了。

一夜没有睡好。第二天一早就打电话给母亲，她说前些时候下雨摔了一跤，脸上挂彩了，现在已经好多了，我稍稍松了口气，"怎么那么不小心。"

晚上，表姐回复我说，你们家在房顶晒玉米，你妈妈收玉米的时候不小心摔下来，摔断了锁骨，昏迷了五天才醒，已经有一个月了。怕影响你学习，不让我们告诉你……我的眼里潮湿一片，母亲啊，你至少也该让我回去看看你。

星期天，我登上了回家的列车。

我在院子里扯着嗓子叫母亲，母亲从屋里出来，在围裙上擦着手，"回来了，怎么也不说一声。"仿佛是在责怪我，脸上却是孩子般的快乐。母亲的左臂有些僵硬，是还没有完全康复的缘故。她这才承认脸上的伤是从房顶摔下来而不仅仅是摔了一跤造成的。我既心疼又生气，"妈，出了这么大的事，你该告诉我的。"母亲略带歉意地笑了笑，"你看妈现在不是好好的嘛！"她故作轻松地揽着我的脖子，"走，妈妈给你做好吃的。"

晚上父亲下班回来，他告诉我，那段时间你可把你妈给想坏了，躺在床上不能动，身边又没有人说话。你堂姐中秋放假还来看她了，你这个傻孩子，怎么就不知道回来，你妈还偷偷抹眼泪呢。

我低着头，眼泪落进碗里，整碗饭都变成了苦的。谁能体会母亲那种明明想念又故作无谓的心态？我匆匆忙忙跑去北京看人海，却没有在母亲需要的时候，回到她身边哪怕只是握握她的手。我的母亲，她没有文化，也不常表达，但她对家庭、对女儿的爱一分也不差。

神女养成记

阿 喵

话说当年老陈——啊不对，应该还是小陈——也是十里八乡出了名的"神女"，一双明亮的大眼睛，辫子粗又长……打住！那为啥不是"女神"呢？且听小人——道来。

小陈有着"凄惨"的童年，作为长女，明明比弟弟妹妹大不了几岁却不得不学着带他们，即使自己也还是个小孩儿。六岁那年的小小陈，好奇心正旺盛得浑身上下都来劲儿，雌性意识刚刚萌芽，懵懵懂懂地学会了臭美，殊不知，"悲剧"从此诞生了。

春节快到了，小小陈全家洋溢着喜气，因为今年家里难得有了一件新衣服——小小陈眨巴着眼皮看着老爸穿上它，羡慕得简直要流下口水来。要知道，那年代的小孩儿们，每个人有一套完整的冬衣已是天赐了呀。"没条件创造条件也要上。"打小深谙生存之道的小小陈，脑筋一转，计上心来。

哈哈，就知道老爸不舍得把新衣服穿出去。望着老爸远去的背影，小陈在心里吼出了"解放区的天是晴朗的天"，转身撒腿奔向新衣——"我、来、了！"一把搂住，左右张望，唯恐小妹小弟发现过来抢了去——实际上，一四岁小萝莉加上一两岁小鲜肉，又能对她造成什么威胁呢？

小小陈捧着衣服心情甚是复杂——千言万语在心中，却说不出口。也罢，良宵苦短，穿一会儿是一会儿！"嗖"一声极为麻利，新衣挂在小小陈身上犹如套了一只大口袋。不过被胜利冲昏头脑的小小陈可顾不了那么多，自我感觉甚是良好，登时在床上蹦跶起来，水袖翩翩，衣袂飘飘，跳起自制的"陈氏霓裳羽衣舞"。旋转，旋转，在这柔软的床上，旋转！

"咚"的一声巨响，惊天地，泣鬼神。然后，世界一片寂静。再然后，一嗓子仰天长啸，血流成河。

前一秒还在"凄凄惨惨戚戚"开脑洞怀疑自己是不是死在这儿也没人知道的小小陈，瞥见新外套上一缕新鲜血迹，明媚而忧伤，吓得顿时就不哭了，满脑子嗡嗡乱响：这下惹祸了！

三天后小陈照常像只快活的小鸟飞出了家门——也许是父亲大人宽容，也许是母上也被铺天盖地的血给吓得不轻，小陈被怀疑"失血过多"，摁在家里待了一会儿就"逍遥法外"，继续跟着邻居家一群大哥哥漫山遍野乱跑。

翻过田地，越过山丘，跳过水沟……"人小胆子肥"的小小陈轻盈地腾空而起，在想象中做了一个飞旋后，沉甸甸地落在了水沟里。"扑通！"群鸟四散，田鼠窜逃，大哥哥们停下矫健的步伐，愣愣地看着这个"拼命小三妹"，差点儿忘记动手把她捞上来。而小小陈，意志坚强的小小陈，反射弧很长的小小陈，直到在寒风中瑟瑟发抖被送进家门的一刻，才恍然惊觉：我只有一套冬衣！

于是陈家小院里出现了如斯和美的一幕：陈妈妈生起炭火烘烤着小棉袄，而不远的房间里，小小陈用被子把自己包成一团，露出一双小黑眼巴巴地盯着外面看，心中呐喊：放我出去！俺老孙一定会回来的！

其实说"神"也不神，那个"人口爆炸"的年代，乡里哪个孩子不是扔出去满地跑，谁能免得了磕磕碰碰呢？只是呀，当小小陈渐渐长大，成了小陈，有了女儿，她就成了这个世界上独一无二的"神女"——噢不对，是女神了。现在，尽管已经到了该让人喊"老陈"的年纪，可在她姑娘心里，她永远那么美，永远是神女中的女神。

土 妈 外 传

陈芳芳

　　1963年的夏天，伴随着一阵洪亮的哭声，我亲爱的土妈横空出世。都怪当年的夏天太热，害得我家土妈从娘胎里就有了一个暴脾气。

　　土妈很好强，对她来说那种同情的目光还不如一个巴掌来得痛快响亮！但是她偏偏又自带了一副哀怨的八字眉，骨子里是个很悲观的人。没办法，我是极度的乐观主义，最不喜欢她缅怀过去然后还对未来充满不幸的哀叹。

　　土妈很自卑。右边脸独占半边天的胎记让她养成了低头快步走路的习惯。土妈说本来以前要去换皮整容，结果老是因为大大小小的家事耽误了，等到有了时间也有钱的时候，她已经年过半百人老珠黄，根本没有那个心思了。不过她经常跟我说如果没有那个胎记的话，她肯定会是一个大美女！每当这个时候我都撇撇嘴，才不要！这样你就瞧不上我爸了！土妈沉思了一会儿也默认了。

　　土妈嫁给爸爸的时候才二十二岁，但是爸爸参军八年回乡已经三十岁了。土妈一直是干农活的好手，但是为了把家里的泥土房盖成水泥屋，她放弃了在家里种田微薄的收入，跟着爸爸北上做"北漂"。他们用蛇皮袋装着被褥和两身衣服，他们一起搬水泥，运沙子，一起跟着包工头全中国地跑。工地上的日子很忙，时间就像水，他们就像海绵，拼了全力也要挤出时间来干活。可是土妈会想孩子，她一年才回一次家，她不知道那个白白胖胖的小女孩儿现在变成了什么样子，有没有长高，有没有晒黑。那个时候没有QQ，没有视频，睹物思人的照片也不是寻常人都能够有的。于是，每次一遇到下雨，工地放假休息，她就会找包工头借手机。

"欢欢，吃了吗？"

"欢欢，在干什么？"

"欢欢，有没有想妈妈？"

每次都是那么几句，土妈脸皮薄也不好意思说太久，她听着熟悉的声音在电话那头雀跃，既开心又苦涩。

"欢欢，好好读书，听爷爷奶奶的话，爸爸妈妈过年就会回来，到时候给你买好吃的回来……乖，跟妈妈说拜拜。"土妈每次听到她的"欢欢"(不要问我为什么不是芳芳，土妈胡建人fh不分)恋恋不舍又听话地说"拜拜"时，她就想马上拿上行李，坐上最快的火车飞奔回家去。但是，现实告诉她不能，于是她只能更加卖力地干活。但是等到土妈看到她日日夜夜心心念念的"欢欢"时，却一句话都说不出来了，她的眼泪滑落下来，难以置信地看着眼前这个黑黑脏脏、顶一头"鸟巢"的假小子居然是她最宝贝的小公主！土妈哭了！从那以后，土妈再也没有一个人去过外地，土妈说："她再也不忍心放女儿给别人照顾。"

2006年，爸爸在外地打工突发脑溢血，她只身南下去深圳照顾爸爸。尽管她一直都有晕车的毛病，但是那次，硬是神志清醒地挺到了医院。医生下了病危通知书，土妈却不信邪！她一直照顾还在昏迷的爸爸，好不容易等他醒了过来，他却一直傻笑，只会拿着手机对着电视机使劲摁，说是要换台。土妈哭了，办理了出院手续。她一心只想回家，带着这个男人回家，很多时候家都是土妈感觉最安全的地方，毕竟那里的一砖一瓦都凝聚着他们共同的血汗。土妈坐在火车上的时候，感觉天就要塌了。但是，她坚持着，或许有奇迹呢！转到本地医院后，爸爸在土妈的照料下突然会说话了，然后慢慢好了起来！

但是奇迹不会发生第二次。突然接到医院电话的那天，土妈的心一直很不安，结果当我们赶到抢救室的时候，爸爸已经永远闭上了眼睛。

那天晚上，土妈靠着我，我们一起坐在住院部外面那个偏僻的花坛上，她的眼泪一直在流，用一口普通话夹杂的本地话跟我哭诉，更像是自言自语："你知道他对我有多好的，你知道的，他还跟我说过以后等你们都工作了，他就不去工作了，我们一起生活一起买菜一起……如果他没有对我这么好，我就不会那么伤心，三十年了，如果他有骂我一句，我都不会那么伤心！你知道的啊，你知道的……"不知道过了多久我们去了宾馆，但是她一晚上都没有睡，只是一直自言自语，"走就走吧……可是至少让我伺候他几天，让我照顾他几天，至少让我见到他最后一面也好啊！"土妈就这么一直哭着，每天每夜就躺在床上睁着眼睛，让眼泪无声地流淌。有的时候她一句话也没有说，让我以为她可能想不开，但是她没有。从安葬到善后，半个月，她不知不觉瘦了二十斤。原本有点丰满的土妈，硬生生有了骨感。

那是我第一次看土妈哭得这么伤心，第一次看她那么崩溃。没错，我知道的，我都知道。在我眼里我爸爸就是铮铮铁骨的完美男人，唯一的缺点就是对土妈太好。

爸爸去世之后的土妈像变了一个人，以前喜欢跟七大姑八大姨聊八卦，偶遇同龄的妇女随便什么简单粗暴的话题都可以拎着重物聊上两个小时。现在一回来就是宅在家里，一个人坐着不说话，看到了有关爸爸的任何东西都会受不了，甚至想要扔掉全部照片。她的这种极端，让我觉得好心疼。她看着我搬重物，换水管，说："欢欢啊，你怎么就变成了男孩子啊？"然后笑得脸上都是心疼。

我知道，她想他了。或许在别人看来，土妈跟爸爸的婚姻是封建农村男大当婚女大当嫁，不得已才凑合过的产物。可是，是有爱情的，只是他们那个时候的爱情跟我们现在所理解的浪漫不一样，更多的是相濡以沫跟陪伴。

土妈渐渐老了，她开始频繁地染头发，因为白头发生长的速度越来越快了。

暑假的时候欢欢花了半个月的工资带土妈去买了一串转运珠，她开心了好久。她心心念念，但舍不得钱，只会把每个月少得可怜的工资都存起来。她问："欢欢啊，你不心疼吗？兼职那么辛苦，这么多钱……你怎么舍得哟？"

她兴高采烈地埋怨我以后千万不能这么乱花钱，都还没有毕业就这么大手大脚巴拉巴拉的一大堆。然后在专柜面前看着大金项链又很期待地看着我……

"别看我，没钱了！明年你过生日再给你买！"

141

茶底人生

我也抱歉没能成为你骄傲

　　我知道你羡慕别人家的孩子，考上名牌大学，读研出国，遇见良人带着可爱的孩子，一辈子平淡却充实，可是这些我却都不能给你。我没有傲人的成绩，满心自己的理想主义，你常常责怪我，但你不知道其实在内心深处，我也很抱歉不能成为你的骄傲。

我也抱歉没能成为你骄傲

杨欣妍

1

你又拿着手机磕磕绊绊地发消息了，一只手紧紧握着雪白的机壳，另一只高高翘起四个指头，只剩下食指不娴熟地在微亮的屏幕上捣字，对于这些我从不用学习、一秒便可以直接上手的事物，你似乎总要花费很大的力气，就像我们与生俱来隔着十万八千里。

你从不发朋友圈，这些对于你来说仍旧太新，我不用想便能猜出你是在大学同学的群里聊天，几个同学欢喜热闹地商量周末再约去哪个山清水秀的地方，你不停地在中间插话，一个笑脸和一句好羡慕你们。

然后一个我见过许多次的阿姨说在大学图书馆那几本挺知名的儿童杂志上看到过我的名字，说崇拜我。你不以为意，说我自以为是，念叨着谁谁谁家的孩子有多好。

我已经不介意你总是拿我跟形形色色的人比较了，只是我仍旧介意你用的那个成语。你不会知道，这些年我因为那些小心翼翼的自卑感，失去了多少原本属于我的幸福时光。

张爱玲说，喜欢一个人就会卑微到尘埃里，再开出一朵花。你总是理解不了这些诗情画意，抱怨着我又把时间浪费在这些无病呻吟的句子上，而我却偷偷地想，是否因为我将深情交付给这个世界，才会在每时每秒都如一只敏捷的鹿，鹿角上挂着新鲜的樱桃站在溪水边顾影自怜，偶尔有风吹草动便惊慌失措消失踪影。

我有点儿没有安全感，瞧，这又是一个你接受不了的词。我在陌生的场合软糯沉默，遇见熟悉的人神采飞扬。关于这些说给你听，你会不耐烦地打断我，"就是安安稳稳过日子，要什么安全感。你就是瞎想一气，那个数学公式背熟了吗？"我无趣地低下头，心想不论有意与否，我的一切都与你默契地挂不上钩。

作为一名小学数学老师，你连我高中数学课本里的题目都会做，并且越钻研越精神，圆锥曲线和函数方程，你讲起来头头是道，我听着听着思绪就飞扬到了窗外。

你不会通融、接受不了大多事物、语文不好，我却极爱舞文弄墨，班里同学和莫名加我为好友的人都轻而易举让我分担他们的心事，我常常不动声色，"哦？是吗？""难怪你生气，换了我也会。"

没有一句话是敷衍，我不知在何时，不经意间便体会了许多生活中的酸甜，虽然大部分事儿都如鱼饮水，冷暖自知，但当我忍不住将那些事描述给你时，你却一脸的不关心，"这事儿不值一提。别人是把你当垃圾桶了吧。"我辩解垃圾也有它最明亮的地方，我将它们一一收集，便有了世间最动情的财富。看，从头至尾，我们都背道而驰。

145

2

时至今日你还会反复提起我少不更事时说的话，那时我们还住在市井气极重的老街，旁边是菜市场，三楼平台从不缺年迈的老人谈论当日的水果和超市的特价，我想其实你也是喜欢那样的生活的，三五知己坐，淡茶话家常。

那时我们住在顶层，寸金时光伴着夜凉如水，我们坐在阳台上，满天月光闪烁，手可摘星辰。我奶声奶气地说，"妈妈，我永远不死，你也永远不死，我们永远在一起。"

我说长大后要在深圳给你买一套大房子，清晨鸟语花香，现在却怎么都想不出为什么是那个陌生又物价极贵的城市呢？

这样细想来我们也不是从开始就固执己见闹得水火不容的，那么让我想想，少年时与你最初的分歧在哪儿呢？

我就读的小学是这座不大的城市里最繁荣的一所，倒不是说它教书的质量多高，或是学校有多大，两个不大的操场和教学楼，身边的同学却都非富即贵，人言鼎沸的地方永远都是学校旁的小店，汽水糖和陈皮糖一角钱一个，犬夜叉的贴画一元一张，还有那种装在盘子里的小果冻和可乐糖，现在看来那些鸡零狗碎的杂物有没有都无可厚非，但那时却是很宝贵的。

身边的同学都有零花钱，有次我和几个同学被赶出来抄课文，听他们讨论零花钱多少，一个女生说她每天有一元钱，旁边的男生插嘴道，"那么小气，还每月三十、三十一不等呢。"我只能默不作声。

你觉得不会赚钱的时候就不需要钱，我理直气壮地争辩，"可是别人都有。"

"别人成绩好你怎么不去比？真正需要的东西我们会买给你。"你固执地拒绝。

而年幼的我为了那时的宝贝，偷偷翻了你的钱夹，好在你总是不记得钱的总量，那些杂七杂八的杂志和贴纸被我藏在了柜子里，自觉神不知鬼不觉。

我一直不喜欢多嘴多舌的人，大概也与那时有关。东窗事发是因为有天你破天荒去学校接我放学，门口有个同学的奶奶津津有味地，"呦，你每天给她多少零花钱？天天都能看到她往小卖部跑。"

生动的表情和夸张的言语让你气急败坏，你收走了我藏在书壳夹缝的一丁点儿钱，把我关在门外，我低头哭，对关切的邻居不理不睬，最后落了个"这孩子真奇怪"的定论。

那天起我发誓，我要比同龄人早一点儿赚钱，自己给自己的东西才最珍贵，我好像一夜之间便长大了许多。

3

若是年少容易忘事，那么初二时的故事，大概是我此生心中的刺青。

我生性敏感，内心世界极其丰富，慢热又不出众，好在初中时学校的座位排列比较特别，像幼儿园时那样团团坐，一两节课六个人便熟络得好像认识多年。我有了几个天天谈天说地的好友，又在心里悄悄藏起了一个少年的笑容。

你总说我是非不分，或许我确实有一点儿，但这一点儿都不妨碍我明明可以快乐地长大。初二时我和一个面容干净的男生悄悄牵手，和好友逛遍了大街小巷，成本的小说搬回家藏起，我开始疯狂地迷恋那些风花雪月的诗句和动人的青涩故事。

我也开始拿笔写，写在组牌上好多话，英语老师迫不及待叫你去了学校。

我不知道她说了什么。只记得你回来对我写字的梦想百般嘲讽，说我痴人说梦，还说我那时最好的朋友没有家教。我和你据理力争，在心里对你画上数道防线。

你偷偷翻我的抽屉看我的日记和零星的纸条，打电话给那时我喜欢的男生，我惊讶地看着你，觉得生活被你搅和得天翻地覆。你撕掉了我所有的文字，那些密密麻麻的温柔情怀像青柠的汁水跌进我心里，我放声大哭，蜷缩在墙角颤抖不止。

你觉得我学坏了，说我浪费时间写再多的东西也赚不了一分钱，后来我才明白，那是因为你一路走来真的平平淡淡，没有梦想没有青涩的感情，只是按部就班地长大。后来和学心理学的朋友聊天，她告诉我，也许不是你真的生性安稳，而是那个时代下什么都要隔着厚厚的纸。

可是后来事实证明我对自己那时盲目的自信是对的，我不知怎么收敛起了自己的心性，在中考临近时靠着一点儿小聪明花了几个小时便学完了整整一年的化学，体育和实验也是高分，最后竟很幸运地被一所不错的学校录取。

但这样的我，在你眼里依然不似别的孩子那般乖巧，你说我让你心力交瘁，别人安安稳稳考上好学校，我却要你们紧张不已。我懒得再和你争辩，你说你看结果，可是新鲜的太阳照耀在那里，你又矛盾地跑来计较昨天下了一场微雨。

4

我觉得即便我不写文章也不会成为学霸，你却固执地说，一定是我浪费了太多时间在那些辞藻和某个让我怦然心动的少年上。

我的成绩在高一时便一落千丈，只是维持着在普通班里还算傲人的文科成绩去了文科实验班，班主任和你特别像，我控制不住自己继续跌入谷底的分数，毅然选择你从不了解的编导专业。

我开始赚钱，在这个小城市里仿佛如鱼得水，和你的关系却也岌岌可危，好像我的全世界都知道我与你为敌。我写了两三年的杂志，你仍旧看不起我的字句，带样刊回家常常要藏到书柜里，偶尔有人夸奖我，你半是谦虚半是无奈地数落着我的种种不是。

我知道你羡慕别人家的孩子，考上名牌大学，读研出国，遇见良人带着可爱的孩子，一辈子平淡却充实，可是这些我却都不能给你。我没有傲人的成绩，满心自己的理想主义，你常常责怪我，但你不知道其实在内心深处，我也很抱歉不能成为你的骄傲。

好像老师家的孩子从小就该走在同龄人的前面，别的女生琴棋书画样样精通，我只会写一点儿温暖的故事，别人拿着竞赛的奖杯，我带着我的稿费买心爱的书和零碎的饰品，可是我也有我生活的方式啊，只是你从不愿意去理解。

无论如何你都是我十七年多生命中对我影响最大的人，其实我选择的种种，都与你有直接或间接的联系。

　　我抽空在一个春光明媚的下午独自跑去电影院看《垫底辣妹》，哭得稀里糊涂，补习班的老师义正词严地说那个垫底的沙耶加很努力，她绝不会放弃一点点。而面对众人的质疑，沙耶加的妈妈努力数出她身上的闪光点，每一步都愿意站在她身边，哪怕与全世界为敌。

　　我也想拥有那样无敌的妈妈，可惜你不是，但在我深深深深的心海里，还是存留着一点儿的希冀，某天做自己的英雄，成为你的骄傲，妈妈，就像别人家的少年那样。

我也抱歉没能成为你骄傲

拿什么拯救你，我的数学君

初夏·子夜

窗外，电闪雷鸣，狂风暴雨，一个小女孩儿孤独地坐在书桌前，凝望着书桌……静静地，一个白衣女子悄无声息地出现在了这个小女孩儿的背后，死死地盯着小女孩儿，突然她大声吼道："萧鸳舞！你又发呆！这都半个多小时了，你除了在每张卷子上写了名字之外就什么也没干！""呃……这个……呃其实也不赖我啦，谁叫你给我起那么复杂的名字啦……我数数啊，总共三十六画呢！呃老妈你别那么看着我……""萧——鸳——舞——"老妈瞪着眼睛，切换到了终极爆发模式，"你还好意思说你名字笔画多？！哦，就算你笔画多，一共八张卷你一个名字写四分钟吗？再说了，哪有那么多画，明明只有三十五画好不好！""呃，好了好了，我做还不行吗老妈大人，您消消气啊，消消气啊。"我一脸赔笑，可心里翻了个大得不能再大的白眼：三十六和三十五区别能有多大……再说了，您就不能起个像人家宁云儿这样简单一点儿的名儿，总共才那么十一画……"快写，还不动笔，又想什么呢？！"老妈又在我耳边狂轰滥炸了。我无奈地叹了口气，拿起了笔，老妈这才又瞪了我一眼，退出了房间。

"呼——可算走了！"我长吁一口气，一屁股坐在了转椅上，暗想：班主任也真是的，不就周考有几个不及格的，也不至于数学留了四张卷吧！对于我这种数学白痴，这简直是作死的节奏哇！

好吧，说到这儿你们应该知道，上文中的那个"不及格的人"就是我。

我目不转睛地盯着试卷，感受着那上面逼人的寒气，心想你说我是抄呢，还是不抄呢，还是抄呢？不不不，我怎么可能做出抄作业这种事呢？我仅仅是借鉴，模仿，也可以说是欣赏，总之，我是决不会抄作业的！

其实和抄没啥区别，只不过说得好听而已。

可电脑在客厅，而我妈又在客厅看报，所以电脑是用不了了，真悲剧……

要不，打电话吧？我灵机一动，对，没错，打电话！正好宁云儿最擅长数学了！没错，就是那个名字，只有11画的宁云儿，要不我们是好朋友呢，正好互补，她是个语文白痴数学天才，而我正好倒了过来……

我拿起了电话，拨通了她家的电话："喂，宁云儿吗？"对面传来宁云儿那细细的声音："是鸳舞吧！哎呀我就猜是你，这么多数学卷，你肯定要问我答案咧！""对呀对呀！知我者云儿也，我就是来借鉴一下你的数学卷的！"我激动万分。可她接下来的一句话让我顿时由激动万分变为面如死灰："那对不起呀鸳舞！我数学卷全都在学校就写完了，所以都放在学校啦！""什——么——好你宁云儿，既然你不仁，那么我也就不义，我的两张语文卷你就别想抄了，亏我还辛辛苦苦把写完的卷给你带回来准备借你抄，没想到你居然这么没义气，我从心底里鄙视你！"对面，宁云儿顿时就急了："别呀鸳舞，你看你那么温柔那么美丽那么善良那么纯真，语文卷就借我抄抄嘛！""免谈！一切与数学有关的问题都是红色级事件，凡是与数学有关的以任何条件抵都不行，你不借我数学卷，我也就不借你语文卷！""哎呀，实在不行你明天来我家，我教你做还不行吗？这样总行吧，语文卷你就借我吧，好鸳舞……"从以上对话中你可以看出我俩有多么偏科了吧？用语文老师的话说是瘸腿瘸到大腿根，用数学老师的话说是如果三科加起来是个平角的话，你顶天也就一百二十度，唉……

我刚想答应说去她家就去她家吧，可老妈在客厅一句话顿时令我石化："对了鸳舞，正好这个小长假放三天，前一天留给你写作业，后两天就去你奶奶家过端午吧。"可能宁云儿也听到我那大嗓门老妈的喊声，在对面无奈地说："那我也没办法了，不过幸好我有《语文全解》，语文卷应该能糊弄过去，数学卷你就自己解决吧！"说罢也不待我回答就挂了电话。我听着电话那边"嘟嘟"的忙音气得咬牙切齿：你等着宁云儿，看放假后回学校我不宰了你！可一看桌上那堆积如山的数学卷又立刻像气球被戳得泄了气一样，瘫坐在椅子里，双手插进本就不怎么整齐的头发里，经我一发泄的踩踏后更是惨不忍睹，这要是被有洁癖的宁云儿看见一定会惊呼："呀，鸳舞，你的头发又炸毛了，跟鸡窝似的不堪入目啊！"

好吧，想别的也没有用，还是想想怎么糊弄眼前这堆数学卷吧……

嗯，就这样……

我一个晚上……

做一夜，坐一夜，做一页……

那些跟你见了最后一面的人

画　眠

晚上，室友接到了从家里打来的电话。她的父亲，一位将近五十岁的男人，在电话那头哭得声嘶力竭。就在下午她坐在教室里安安静静上课的时候，她的小姨骑着摩托车在戈壁上飞驰，与一辆卡车对撞，小姨当场死亡。

她拿着电话沉默着没有说话，许久，才挤出两个字——"死了？"本来还在热烈地讨论着电视剧情的我们突然安静，空气瞬间凝固。

她拿着手机的手在颤抖，语气却异常平静。她说："你先冷静下来，然后去医院。不要告诉外婆，她有高血压。稳住外公情绪，陪着他。"

然后挂掉电话，号啕大哭。

室友是个标准的女汉子，此刻却缩在椅子上，沙哑地嘶吼："怎么又是我们家啊，怎么又是车祸啊……"

我们不能做什么，只能在旁边安静地陪她。

车祸好像常常降临她的家庭。她说，几年前，她的妈妈出车祸，医院下了病危通知单。家人把她妈妈连夜从新疆喀什转院到成都华西。虽然手术很成功，却留下了永久的后遗症，直到现在，她妈妈的身体里还留着钢板，一到阴雨天就痛得在床上忍不住地哭。

眼泪从她眼眶里无尽地滑落，她瞪着眼睛问我们："怎么会呢，下午还好好的一个人，说没就没了？"

我们无法回答她，只能用沉默回应。她做梦都没想到，下午她刚跟小姨通的电话，成了小姨留给她最后的声音。

我看着渐渐安静下来的她。她光着脚抱着膝盖蜷缩成一团，齐腰的头发散开，一下一下轻轻晃动着扫着脚踝。我想她现在是不是在后悔，下午没能在电话里跟小姨多说上几句话，为什么没提醒一下开车慢一点儿注意安全。

寝室很安静，室友耸着肩头啜泣的声音在有限的空间里回荡。我看着这样的她，突然想起了阿健。

阿健是我的发小。他家离我家经营的小门市部不远，大人也互相认识，自然上学放学都在一起。那是一个长相清秀的男孩子，很聪明但很调皮，常常让老师头疼。而我作为一个安静听话的学生当然是受老师欢迎的。我还记得当时我对于阿健来讲，就是那个所谓的"无所不能的邻居家的孩子"。她的妈妈总是爱和我妈妈一起探讨关于子女教育的问题，而阿健依旧满不在乎地继续为所欲为。

但是随着我们长大，上了不同的初中，渐渐地，也就没有再联系。后来等上了高中后，有在年级女生的议论中听到过他的名字，我才知道和他在一个学校。

面容清秀的小男孩儿长成了一个高颜值的小帅哥。那些女生说，如果忽略掉阿健只有一米七出头的身高，真真是可以凭他精致的五官登上校草的宝座的。

我还记得那是个有些凉意的初春早晨，星期一的例行升旗仪式。我习惯性地站在了队伍最后面。升旗仪式进行到一半时，一个身影喘着粗气跑了过来，又小心翼翼悄悄站在了隔壁队伍的最后一个。队伍因为他的到来有了一些小小的骚动，我低着头隐隐约约听到有男生戏谑的声音："嘿嘿嘿，阿健，运气好啊，没被老班逮到。"

阿健？

这个熟悉的名字让我忍不住抬起头。我这才发现，阿健离我那样近。他就站在我的右手边，随着我看向他的目光，也转过头来看向了我。

在这之后，我想我一辈子也忘不了他看向我的目光——清澈的，波澜不惊的，不带丝毫情绪的目光。在记忆中，我跟他对视了很久，就那样不说一句话，静静地看着对方。

我看着他在想，是阿健啊，小时候圆圆的脸开始有了棱角，还是那样眉清目秀，让人看着就想起了夏季凌晨四五点时带着一点点青白色的蓝天。

我想我应该跟他打声招呼的，至少说一声，哈，好久不见，我们居然在同一个学校呢。

但我什么都没有说，一种复杂的情绪堵在胸口。后来我想，打什么招呼，早不联系了。

然后我重新低下了头。我能感觉到阿健的目光也从我身上移开，开始听到他小声地和其他男生聊天，时不时发出低低的笑声。

第二天早上，刚踏进教室，本来应该在安静自习的教室闹成一片，一个女生过来跟我说，你知道吗，我们年级的阿健，出车祸死掉了，啊呀，好可惜的，听说长得蛮帅的呢。

我呆呆站在门口，那天早上他望向我的眼神不断重复出现在我的脑海。我闭上眼睛，看见他就站在离我不远处静静地看向我，清水一般的目光缓缓流转。

那是我见到阿健的最后一面，时隔多年，没有言语，静静地看着对方，然后就再也见不了了。

说不清心里是什么感觉，像是用一大团棉花从喉咙开始往下填塞，直到再也塞不下去。不是悲伤，不是可惜，也不是怀念。

我从很小的时候开始记日记。等到周末，我回到家里，从抽屉里拿出小学时候的日记，一页一页满满都是他。

我也抱歉没能成为你骄傲

今天，阿健到我家里来玩，这是他第一次到我家，被我家的小狗吓哭了，我在旁边哈哈大笑。

今天，我在新华书店门口等阿健，等了好久他都不来，我以后再也不跟他玩了。

今天，我和阿健一起去报名学画画。

……

我抱着日记本哭得不能自己。

那个时候的我不爱说话，可是我从没有那么憎恨过不爱说话的自己，从没有那么责怪过自己，为什么吝啬到一个招呼都不肯打。如果时光能倒流，我好希望当时能笑着跟他打一声招呼，问问近况，尝试着像小时候那样约着出去玩。

可是没有如果。

我们都不曾想到，那是我们见彼此的最后一面。中间隔了整整五年，再次见面，目光无声地交错，就再也没有以后。

因为没有预料到会失去，所以不曾珍惜。

人的一辈子多长啊，来来往往那么多人，有人只是萍水相逢，充当路人的角色，有人陪我们走过一段路程后就渐行渐远，能陪我们一路走下去的只是少数。我们不能在遇见下一个人时判断出他是哪一类人，所以也不知道是否值得珍惜。

但真有那么一种人，他和你说的一句话，就真的是他留在这个世界上的最后的声音。你看向他的那一眼，就是他留给你的最后的容颜，让你在深夜里回想起他，只剩下他那复杂的如水眼神。

妈妈，您要的"乖小孩儿"

刘瑞雪

1

时间：幼儿园期间

地点：校内

"橙橙，你怎么摔倒了啊？"一个小女孩儿凑过来，把摔在一旁的橙橙扶了起来，胖嘟嘟的小脸上满是关心。

"嘻嘻，你看我抓到了什么？"不顾洁白小洋裙上沾染的尘土，也不顾自己脸上蹭上的灰色痕迹。橙橙把手松开，里面是一只还在挣扎着的蜻蜓。

小女孩儿伸手摸摸蜻蜓的翅膀，又把手缩了回去，"橙橙，你要把它关进笼子里吗？"

橙橙做思考状，过了一会儿开口道："不会，首先呢，它有翅膀，可以飞翔。我们要给它那什么……诶？梦梦，那个词怎么说来着？老师教给我们的。"

"嗯……是'自由'吧？"梦梦适时地提醒着迷迷糊糊的橙橙。

"对！自由！首先呢，我们要给它自由；再者呢，我家也没有这么小的笼子，我家的笼子都是用来装狗狗的。它太小了，装不住。"得到提示的橙橙很高兴地说自己接下来的话。随后又皱起了小眉头："不过爷爷说可以把漂亮的昆虫做成标本，虽然我不知道怎么做的，但估计它们应该会很痛吧。"

看着橙橙沾满灰的脸，梦梦在一旁小声地说："我们现在把它放掉吧。"

橙橙点着头，小心翼翼地把手中的蜻蜓放到花圃中一朵绽放的花朵上。两个好朋友一起看着蜻蜓在花朵上轻振翅膀，飞向天空……

地点：家中

"橙橙，你今天下午又去做什么了啊！好好的白裙子就被你弄成黑色的了，你看见哪个女生的白裙子不到半天就被弄黑啊！你可是个女生，不能和那些小男孩儿一样疯玩儿！怎么就这么顽皮啊！"妈妈一边用力地洗着橙橙的裙子，一边对着正在写作业的橙橙吼着。这孩子真是气死人了，每天都像个假小子一样乱来。只是去上个一年级而已，每天放学却总是灰头土脸的。

正在写作业的橙橙听到妈妈又在吼自己，调皮地吐了吐舌头。没想到这一幕被正在气头上的妈妈看到。"李橙橙！你这两天放学哪也不许去，在家给我老实待着。要是乱跑下周就不给你零花钱了。"

橙橙正在写作业的手顿了一下，在作业本上划了一道。用橡皮擦下去之后才不情不愿地"嗯"了一声。

2

时间：小学三年级
地点：街道

看着眼前黑白花斑的小狗，橙橙的脸上是充满阳光的笑容。"梦梦，你真的打算把花花送到我家吗？"

"对啊，我家的狗狗生了一窝小狗呢。就这只最好看了。"梦梦也蹲到橙橙的旁边，用手轻轻地抚摸着小狗花花的头。

"好了，你回家吧，再不回家你妈该说你了。拜拜。"

"对哦，怎么忘了时间。拜拜。"橙橙笑眯眯地摆摆手，抱起花花转身就朝回家的方向跑。

梦梦看着橙橙狂奔的背影，笑了，眼睛弯弯的。

地点：院子里

看着橙橙匆匆跑回来的身影，妈妈调侃道："我还没说你是胖子，你就喘开了。"眼尖地看到橙橙怀里抱着的毛茸茸的东西，眉毛不自觉地皱起："你怀里抱着的是什么？"

"啊？"想起还有个花花在自己的怀中，橙橙连忙蹲下，小心翼翼地把怀中的花花放下。"是花花啦。梦梦家的狗狗的宝宝。好看吧？"

"好看。"看到女儿高兴，妈妈也很开心。但在看到橙橙前两天新买的粉色上衣上蹭上的黑的白的狗毛，好心情完全没了，指着橙橙的衣服，一时气得说不出话来。

"怎么了？"橙橙看妈妈指着自己，不解地问道。顺着手指指着的方向低头看，闯入眼帘的是掺杂在一起的黑白色的狗毛，连忙用手往下弄。

"慢慢弄吧。"妈妈气极反笑，转身向屋里走。"别把它带到屋里来，我没时间每天把屋子打扫无数遍，更不想好好地屋子里都是狗毛。"

橙橙瘪了瘪嘴，继续抚摸着花花的头，叹息着，"花花啊，你说我怎么办呢？"

"对了，花花刚刚到咱家可能会往梦梦家跑，你这几天在家看着它吧。要是跑出去了你就跟着点，别让它跑丢了。"妈妈在屋里向外面喊着。

这是禁足令？橙橙稚气小脸上明显写着不满，但还是默默地接受了。

3

时间：初三
地点：学校

初三学生将要面临的是中考，而不是一次普普通通的考试。这从难度每天都在不断升级的模拟卷中表现出来，也可以从学子们紧皱的眉头与匆忙的步伐看到。

中考更是为初中三年的时光画上句号。三年来朝夕相处的同学们，面对着即将到来的分离，伤感是难免的。于是，各种纪念与狂欢的方式便应景而出。相互传写同学录不过是最常见的方式，一起去KTV狂欢，一起去逛街、玩闹才是这个新时代的主流。

"橙橙，我们周六去KTV玩儿，要不要一起去？"正在看书的橙橙被一个声音打断。

"啊？好啊！哪个KTV啊？"橙橙的眼睛亮了起来。

"就是服装街旁边的那个碧水KTV。"

"知道了。"橙橙点着头。

地点：家中

橙橙穿上牛仔裤和衬衫，高兴地跳到妈妈的面前，"妈，我们同学今天聚会，我也去了啊。"

正在看电视的妈妈看着橙橙："作业写完了？这马上就中考了还玩儿什么啊！看你的书去，考完了怎么玩儿都行。你现在最好是把我给你买的那几套数学题做完。"

橙橙瞬间像霜打得茄子一样蔫了，从书包里翻出手机，给同班的梦梦打了个电话："喂，梦梦，告诉他们我去不了了。"

　　"怎么了？病了吗？"梦梦听到电话那端有气无力的声音，关心地问道。

　　"没有，妈不让我去。妈说中考完再玩儿。"橙橙在电话的这一边勉强地扯出个笑容，"我先挂了啊，你们好好玩儿。"

　　梦梦看着被挂掉的电话，想笑却怎么也笑不出来。

4

时间：高二寒假
地点：家中

　　梦梦在窗外看着把头埋在书堆里的橙橙，咽了口唾沫。她记得这次放假好像没留作业吧。上次暑假也是一面都没见到橙橙，这次寒假也是没见到。本来以为她去旅游了，今天一路过橙橙家顺路来看了看，没想到她就那么认真地看书。这还是小时候那个活泼爱笑的橙橙吗？

　　感受到注视着自己的目光，橙橙抬起头。两个人的视线透过玻璃窗撞到一起。橙橙不紧不慢地笑了笑，声音小小地说道："进来吧。"

　　"橙橙，这几次放长假也不见你出去玩儿。"梦梦还是问出自己的疑惑。

　　"不想出去了。"橙橙无奈地笑了笑。笑容没有一点点的当年的影子，不禁让梦梦怀疑这到底是不是同一个人。

　　聊了一会儿便没有什么可说的了。橙橙并没有像小时候一样提出很多有趣的话题，更多时候是在沉默。梦梦起身要离开了。橙橙还是笑了笑，坐到了桌前，继续埋头看自己的书。

　　梦梦走出屋子，在窗外看了一眼橙橙，几年前那个手中拿着蜻蜓和自己讨论自由的活泼的小女孩儿闯入了脑海……

我也抱歉没能成为你骄傲

往事并不如烟

芃陶陶

每个学校都会有这么一些人，他们被拿来消遣被娱乐被评头论足被老师拿来当教材。奇怪的是，他们并不是差生，也不是顽皮捣蛋的学生。

我认识的一个女生阿琴，就是那少数之一。

她是外乡人，个子矮，皮肤黑，还有点斗鸡眼。确实算不上好看的人，甚至丑。但长得不好看并不能成为被排挤被欺负的对象，后来我才慢慢明白，一个异于别人的人必然会被排斥，她是我们这小地方里唯一的外乡人。

不知道从什么时候起，校园里的小男生开始无厘头无理由地欺负她。当然战火随着年纪的增长愈演愈烈。

欺负的手段幼稚好笑，不过在小小的阿琴身上，就是天大的难堪。

他们把水倒在阿琴的书包里。

他们会在体育课跑去停车场拔掉阿琴的单车气闸。

他们会在黑板上写她的名字然后画滑稽的鬼脸。

小学四年级的时候，我和阿琴同班。有一次午习，阿琴在写作业的时候忽然向前桌的男生借了一块橡皮擦。我为什么会说"忽然"呢？阿琴一直和班里的人保持着距离，从来不主动开口，主动要求。一直是内向至极的样子，小心翼翼，唯恐说出来的话会惹笑话。前桌的男生随手将橡皮丢到后面，不一会儿，他像是意识到什么，猛地跳起来，回头看阿琴，有点不可置信。阿琴有点儿吓到，把橡皮递给他。男生用纸包着，一把将橡皮擦扔到窗外。时间太久远，我已记不得太多关于那节午习课的细节，只知道在全班的注视下那个男生一气呵成的动作以及阿琴僵在脸上的笑容。

但凡是一个女孩子，都受不得一点儿这般的侮辱。阿琴没有哭，安静地坐回自己的位子，安静地继续写作业。

周围是大家杂乱的笑声，她安静地坐在自己的座位上低着头，我看不见她的表情。因为座位近的缘故，我清晰地看到一滴一滴落在作业本上的眼泪，无声无息。

橡皮擦的事件在年级传开了，大家都在暗地里窃笑，在茶余饭后讨论阿琴。男生喜欢在背后议论她，到了后来已经远远不仅"背后"议论了。前排几个女生总喜欢跑到走廊讲话，男生有时候会凑过去和她们说说闹闹，扯扯这个的辫子，开上一句不痛不痒的玩笑。最多时候，他们总会拿阿琴来嬉戏开涮。一旁的几个女生就会佯装惊讶娇嗔道："哪有你说的那么过分啊，你不要这样说别人啦，你们好讨厌啊。"语气温柔却一点儿没有规劝的意思。大家总是能够莫名其妙地在讨论中哈哈大笑。

笑点是阿琴。大家总能在她身上找到好笑的事情。

我和阿琴在小学时代还算不上朋友，我顶多是她寥寥可数讲过几句话的同学罢了。我不喜欢她，因为觉得她古怪又孤僻，声音也总是带着恶狠狠的架势，那时候的我还没有成熟到理解阿琴不一样的羞涩和紧张。后来她和我解释，她喜欢听我说话，自己不会说话，意思总表达不清楚，总是小心翼翼又怕说慢了我不高兴。她说，我是她的好朋友。

我是班长，我也混在那群哈哈大笑的人里面，虽然不会故意提起话题，但也会跟从大众。有时候觉得他们说话太过分了也只是沉默离开，我甚至没有为她说过一句公道话。

163

我也抱歉没能成为你骄傲

但她说我是她的好朋友，我有点儿羞愧。

男生们的戏弄、有意无意的挖苦，阿琴都假装没看见。唯一一次见到她发怒是在六年级毕业礼上。

老师已经离开了教室。

男生们把阿琴的桌子从角落里拖到教室中心。用讲台上的红色粉笔在桌子上写"牛鬼蛇神"，不知道哪里折来的树枝，男生们拿着树枝沾着水在教室里又跑又跳，嘴里念叨着"驱鬼保平安"，好像在进行某种仪式。弄得教室里都是水，有女生撑着伞在"跳大神"的人群里，咯咯地笑不停。

我从后门看见，阿琴从门口猛地冲进去，一下子掀翻了桌子，眼睛里喷着火焰，一把折断了树枝。大家一下子都被吓到了，他们已经习惯了阿琴的沉默和忍耐，突然而来的爆发让大家都不知所措。

有男生喊道："丑八怪，你发什么神经！"

阿琴像是小狮子，浑身颤抖着冲过去打了那个男生一个耳光。响亮的巴掌伴随着阿琴顿挫抑扬的哭声。

我第一次看见她哭，眼睛里噙满了泪水，眼眶红得吓人，鼻翼一抽一抽。满脸鼻涕眼泪难看极了。

事情是怎么结束的，我差不多忘了。我只记得阿琴躲在厕所里哭时，我上前递了张纸巾。我也不知道怎么安慰她，只能拍拍她的肩膀。

上了初中，大家似乎变得懂事多了，过去的不理智也羞于启齿了。我又和阿琴同班了，她显得很高兴，抱着我又笑又跳。初中的班级仍有许多小学的同学，大家虽不如小时候幼稚了，但对于阿琴还是避之如蛇蝎，大家都怕了，怕她像小学毕业典礼上那样暴怒。年级又开始传她的事迹，这次大家说她脑子有病。

她一直都被排斥被讨厌，但没有人告诉她，她做错了什么。

初三还没读完，她就辍学了。没有什么人在意她的离开，她只和我一个人告别说要去打工。她告诉我，她真的真的好讨厌学校，一直想走。

我从来没有问问她，委屈吗？难过吗？伤心吗？或许这些轻飘飘的词语承担不了她情绪的万分之一。因为没有要好的朋友，没有人为她出头，我漫不经心的搭理和礼貌的关心让她觉得我是她的好朋友。

　　前些日子，在路上碰见她，她高兴地跑来抱我。她染了头发，穿着牛仔裤和T恤衫，笑得很灿烂。

　　她一直急于改变自己过去的模样，就算不说，我也知道，那些时光里的伤疤怎么可能轻易愈合。

我也抱歉没能成为你骄傲

眼泪太黏，睁不开眼

于 航

你曾经对我说，一个人的喜欢不会那么容易改变。当时的我不知道该怎么回答。

如今我还是会坐在教室最左边靠窗的位置上听歌，听我们经常一起听的歌。那时你总是喜欢坐在窗台上对我说最近发生的事，我总是静默地看着你被风扬起的头发，淡淡地笑着。

你说天上的云总是在变幻。我说那是因为云在牵着风的手。听到我的话，你收起迷茫的眼神，笑骂我矫情，然后跳下窗台抢走我的耳机。后来，你陪我去买了一个新的耳机，两条线可以一直分到插头的那种，这样你就可以坐在窗台上听，我就可以保持趴在桌子上听的状态。我不用再忍受你突然跳下窗台时地面的震动，虽然你并不重。

我已经习惯在我们经常散步的小树林里散步。如果碰上下雨，我便跑到那个蘑菇亭。好像我们第一次相遇也是雨天，在蘑菇亭里，我知道了你的名字，并且记住了你那张爱笑的脸。现在，我仿佛看见你还坐在那里和我聊天，每一滴雨里都有你的影子。

我还是会习惯地去我们经常逛的那条街。仿佛你还会扯着我的衣角带我去吃街边的小火锅。我依然记得你往我碗里偷加辣椒，我大口喝水然后你哈哈大笑的样子。那一天，你还拉着我的手带我去涂陶瓷娃娃，颜料弄得满手都是，你理所当然地往我身上抹。

你总是在我玩游戏的时候逛淘宝，你时不时地问我好不好看，问我哪一件最适合你。每当我含糊回答时，你会扯下我的耳机，然后在我耳边大喊。现在，我仿佛还记得那时你生气的样子，我安慰你时你假装不理我的样子。

前几天坐公交车的时候，我看见最后一排那里，你靠在我身上，嘟囔着说一会儿要去哪儿吃东西。我说老地方，你说好。然后你突然拔下我的一只耳机塞进自己的耳朵里……

有一天你突然对我说，做我女朋友一定会很幸福吧，说我会包容她一切的无理取闹。我说当然喽，我可是好男生。

可是我并不会包容所有的女生，我的温暖只想给你。

你说你想做我女朋友。我笑着说，可以啊，我们本来就天天在一起嘛。你说你是认真的。我有些不知所措，所以我没有给你答复。

还好那天的对话没有影响我们的关系，我们依然在一起逛街、吃饭。我们依然会在坐公交车时分享一副耳机，手机播放器里依然放着那些我们都爱的歌曲。

我仿佛还记得那天你说要离开时的表情，沮丧的脸强撑起笑容，然后晶莹的泪水在红红的眼眶里打转。

你说你要走了，让我最后再给你一个拥抱。这一次，我没有听你的，我怕这是我们最后一次拥抱。我只是拉起你的手说，下次再见面时我会主动拥抱你，就像离别多年的朋友那样。

你说对不起。我没有回答，转身离开。你知道当时的我多想再好好地看看你。可是，眼泪太黏，我睁不开眼。

我还是会习惯地看你以前的座位，仿佛你还坐在那里。仿佛你还会转过头，眯着眼冲我笑。

我还是会习惯地在走廊里静静站着，仿佛你还会故意撞我然后让我道歉。

我还是会习惯地在台阶前坐着，仿佛你还会让我背你上去，说你很累。

我也抱歉没能成为你骄傲

　　我还是会习惯地拿着手机入睡，仿佛你还会突然地打电话过来让我唱歌给你。

　　我还是会习惯地想念你，想念你的身影，连同你身后那片湖蓝色的天。

　　我现在好后悔，当初为什么没有认真地答应你。